조경국

고등학교 시절부터 헌책방을 출입하며 책을 쟁이기 시작했다.
살아 있는 생물처럼 끊임없이 공간을 먹어 치우는 책을
정리하는 최후의 방법으로 책방을 열기로 결심, 2013년부터
동네 헌책방 책방지기로 일하고 있다. 『윤미네 집』 등
사진책을 엮는 편집자로 일했고, 몇몇 신문과 잡지에 카메라와
영화와 책 이야기를 연재하기도 했다. 『필사의 기초』,
『오토바이로, 일본 책방』, 『아폴로 책방』 등을 썼다.

책
정리하는
법

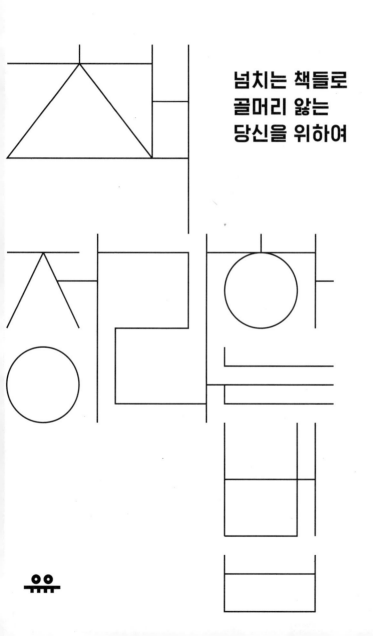

조경국 지음

넘치는 책들로
골머리 앓는
당신을 위하여

일러두기
인용문에 나오는 외래어는 현재의 표기법에 맞춰 수정했다.

머리말

책과 더불어 살아가기 위하여

이 책을 읽는 분이라면 분명 자신만의 특별한 책 정리법이 있을 겁니다. 책 정리법에 관심이 있다는 건 넘치는 책 때문에 골머리를 앓았다는 증거겠지요.

제가 정리해야 할 공간은 책방과 서재입니다. 책방은 끊임없이 책이 늘어나는 터라(헌책방이라 어쩔 수가 없어요) 책을 계속 높이 쌓을 수밖에 없는 자유방임형에 가깝고, 약 9제곱미터(2.7평, 한때 창고처럼 썼지요)인 서재는 공간을 최대한 효율적으로 사용하기 위해 여러 정리법을 혼용합니다. 1천 권 정도의 책이 있는 제 작은 서재가 책 정리법을 풀어 가는 중심입니다. 헌책방 책방지기라는 사실만 제외한다면 저는 어떻게든 책을 많이 소장하고픈 애서가입니다.

책 정리법의 핵심은 어쩌면 '책 욕심을 버리는 것'이 아닐까요. 하지만 책을 사들이는 일이 애서가에겐 억누를 수 없는 본능과 같습니다. 이들에게 책 욕심을 버리는 일은 세상에서 가장 힘든 일이겠죠. 책에 대한 욕망을 버릴 수 없다면 내가 가진 공간을 최대한 활용해서 더 많은 책과 더불어 사는 수밖에요.

저의 책 정리법은 먼저 공간을 구분하는 데에서 시작합니다. 책상과 책상의 왼쪽, 오른쪽, 뒤쪽 서가로 구분하고 여러 가지 기준을 세워 정리합니다.

책상은 깨끗한 상태를 유지하려고 노력합니다. 평소 필사하는 책과 다이어리, 필통, 구독하는 잡지 네 종류 이외에는 가능한 한 올려놓지 않습니다. 깨끗한 책상과 그 위에 항상 제 위치를 잡고 있는 책과 물건은 일상을 보호하는 울타리 역할을 합니다.

책상 왼쪽 경량랙 서가에는 출판사, 저자, 시리즈, 주제, 과월호 잡지, 수집용 도서, 문고판 등 다양한 기준에 따라 분류한 책이 꽂혀 있습니다.

책상 앞에 앉으면 바로 손이 닿는 오른쪽 서가는 직접 만들었습니다. 서점, 책에 관한 책, 글쓰기에 관한 책, 만화책과 그래픽노블, 그림 그리기에 관련된 책 등 주로 일과 관련된 책이 꽂혀 있습니다. 오른쪽 서가 중 하나는 원래 헬멧을 보관하는 장식장이었는데, 지금은 판형이 큰 책을 꽂는 서가로 역할이 바뀌었습니다. 주로 화보와 잡지가 꽂혀 있죠.

뒤쪽 서가에는 현재 관심 있거나 공부하는 주제와 관련된 책을 모아 두었습니다. 모터사이클, 죽음과 범죄, 추리소설, 에세이 그리고 가장 최근에 구입한 책들이 자리 잡고 있습니다.

책을 세울지 눕힐지, 가나다순으로 꽂을지 크기순으로 꽂을지, 책을 쌓을지 말지 등 세부적인 일은 그다음 문제죠. 가끔 현재 하는 일이나 관심사, 기분에 따라 위치를 바꾸기도 합니다. 자세한 책 정리법은 제가 보고 듣고 읽고 겪은 걸 바탕으로 쓰겠습니다.

사실 『부생육기』의 주인공 운처럼 책을 사랑하는 마음이 있다면 책 정리법은 따로 필요 없으리라 생각합니다. 운은 『부생육기』를 쓴 중국 청나라 시대 선비 심복의 아내입니다. 심복은 먼저 세상을 떠난 아내가 생전 책을 사랑했던 일을 회상합니다. 책 정리의 기본은 결국 책을 아끼고 사랑하는 마음이겠지요.

그(운)는 갈피가 떨어진 서적이나 모가 이지러진 서화는 오히려 소중히 여겼다. 서적으로서 갈피가 떨어진 것은 반드시 찾아 모아서 분류 편집하여 책을 엮고, '단장의 편집'이란 이름을 붙였다. 서화로서 찢겨 나간 것은 또 반드시 헌 종이로 때워 온전한 한 폭이 되게 한 다음 빠진 곳을 나더러 써넣거나 그렇게 하고는, 이것을 말아서 '여운의 감상'이라고 이름을 붙였다. 바느질이나 부엌일의 틈을 타서 운이는 온종일 이런 일을 꼬물꼬물하면서 조금도 귀찮게 여기지 않았다.◆

솔직하게 털어놓자면 저는 책을 좋아하는 마음과 게으름이 완벽하게 합체되어 책이 상하지만 않게 잘 꽂아 두고 보관하면 된다는 주의지만, 이왕이면 효율적인 방법으로 정리하는 것도 나쁘지 않을 겁니다. 정답은 없습니다. 책을 좋아한다는 공통분모가 있더라도 처한 상황은 다를 테니까요. 책을 위해 내어 줄 수 있는 공간이 다르고, 가진 책의 양이 다르고, 좋아하는 장르도 같을 수 없으니까요. 분별없이 책을 사 모으다 결국 헌책방을 열고 계속 책의 늪에서 허우적대고 있는 자의 철없는 고백쯤으로 여기고 가볍게 읽어

◆심복, 『부생육기』(지영재 옮김, 을유문화사, 2004)

주시면 좋겠습니다.

그동안 그러모은 책 때문에 고생하신 어머니, 옥, 목, 각……. 그리고 무려 세 번이나 빠짐없이 자기 일처럼 책방 이사를 도와준 인식 씨에게 고마움을 전합니다.

진주 소소책방에서 조경국

책 둘 곳이
사라지다

책을 사 모으는 데 열중한다면 언젠가는 핍박받는 날이 옵니다. 혼자 산다면 그럴 일이 없겠지만 함께 사는 가족이 있다면 책과 애서가는 어느 날 공공의 적이 되기도 하죠. 서재가 있다면 이야기가 달라집니다. 온전히 책을 위한 공간이 있다면 한시름 놓을 수 있습니다. 그러나 책이 넘쳐 서재를 벗어나는 순간, 똑같은 고민에 빠지게 됩니다. 온 가족이 책을 사랑한다면 책이 많아도 행복하겠죠. 하지만 모든 사람이 책을 좋아하는 건 아니니까요. 저희 집도 마찬가지입니다. 한때는 거실까지 책이 가득 쌓인 적도 있었고, 그 상황을 가족 모두 좋아하진 않았습니다. 아내는 세간살이가 없는 깔끔한 거실을 원하지만, 책 둘 곳이 따로 없으니 거실에 둘 수밖에요. 책과 서가가 방을 벗어나 거실과 베란다의 공간까지 침범하기 시작했습니다.

고등학교 시절부터 헌책방을 출입하며 쟁이기 시작한 책들은 2014년 5월까지 세 곳에 나뉘어 있었습니다. 책이 몇 권이나 되는지도 알 수 없었죠. 서울, 진주, 하동에 흩어져 있던 책들을 한곳으로 모을 수 있었던 것은 제가 10년 가까운 서울 직장 생활을 접고 가족이 있는 진주로 내려왔기 때문입니다. 어머니가 계신 시골집에 쌓아 둔 낡고 오래된 책들도 더는 그대로 둘 수 없었습니다. 시골집을 사겠다는 사람이 나타났고 어떻게든 정리를 해야 할 상황이 닥쳤죠. 언젠가 모든 책을 한곳에 두고 싶다는 꿈을 꾸었지만 그땐 전혀 준비가 되어 있지 않았습니다. 서울 생활을 정리하며 집으로 가져온 책들과 시골집의 책들······. 책들은 살아 있는 생물처럼 끊임없이 공간을 먹어 치웠습니다. 그 와중에도 필요한 책, 보고 싶은 책은 사야 했죠.

우리 가족은 24평 아파트에서 살았는데, 저를 제외한 아내와 아이들의 불만은 갈수록 커졌습니다. 그나마 다행인 건, 맨 꼭대기 층이라 꽤 넓은 다락방이 있어 많은 책을 둘 수 있다는 점이었지요. 줄을 당겨 내리는 사다리를 타고 올라가야 하는 불편은 있었으나 그 공간이 없었다면 책을 어찌 처리했을지 생각만 해도 끔찍합니다. 그럼에도 거실 양쪽 벽면뿐 아니라 베란다도 서가가 차지한 상황이라, 안방을 제외하곤 여유 공간이 없었습니다. 집 안에 여백의 미라곤 없었죠. 서울에서 가져온 책들은 다락방에 올렸지만 이 다락방의 여유 공간도 점점 줄어들었습니다. 그 시절엔 거실에 소파를 놓거나 텔레비전을 두는 것은 상상조차 하지 못했습니다. 더는 책을 둘 곳이 없었습니다. 결국 아내가 단호한 표정으로 말했습니다.

"제발 책 가지고 나가라."

신은 믿지 않지만, 아내의 '강요'가 '신의 계시'처럼 귓속에 박히더군요. 언젠가 이렇게 될 줄 짐작하고 있었습니다. 그날 이후 광야에서 고행하며 기도할 곳을 찾는 수도자처럼 책과 함께할 공간을 찾기 위해 떠돌았습니다. 임대료가 싸고 책을 충분히 둘 수 있는 공간을 찾는 일은 힘들었습니다. 생활정보지를 샅샅이 뒤지고 부동산을 찾아다녔지만 마땅한 곳이 나타나지 않았습니다.

그러던 어느 날 우연히 찾아간 부동산에서 책 창고로 쓸 만한 적당한 공간이 있다고 '천전시장 번영회 사무실'로 가 보라고 하더군요. 진주 시내에 있는 천전시장은 해방 이후부터 자리 잡은 오래된 재래시장입니다. 대형마트에 손님을 뺏긴 후 빈 점포가 많이 늘었다 해도 시장이니 번잡할 수밖에 없을 텐데 그런 시장 건물에 책을 두고 싶은 생각은 없었습니다. 시장 번영회 이사님을 따라간 곳은 낡은 시장 건물 2층에 있는 옛 시장 번영회 사무실이었습니다. 번영회는 새로 지은 건물로 옮기고 옛 사무실은 낚시동호회(칠암 피싱클럽)에서 잠시 사용하다 줄곧 비어 있었답니다. 크기는 7평 남짓, 에어컨도 달렸고, 북향으로 작은 창문이 났고, 길쭉한 직사각형 형태라 책을 효율적으로 보관할 수 있는 공간이었습니다.

마음에 쏙 들었죠. 좁은 계단을 올라와서 좁은 문을 열어야만 들어올 수 있는, 있는 듯 없는 듯 지낼 수 있는 비밀스러운 공간이란 점이 좋았습니다. 바로 아래 시장이 있다는 걸 전혀 알 수 없을 정도로 조용했습니다. 이런 곳에 책을 둘 수 있다니……. 그렇게 소소책방을 열기 전 3년 동안 '칠암피싱클럽'에서 책과 함께 지냈습니다. 지난 시간을 되돌아보면 그곳에서 책 읽던 그 시절이 가장 행복했군요. 다음은 그때 일기입니다.

2010년 6월 17일

집에 내려온 지 벌써 보름이 지났다. 내려오자마자 짐을 빼라는 아내의 엄명이 떨어져 있을 만한 공간을 구하러 다녔다. 서울서 가져온 살림을 지금 사는 아파트에 넣으려니 도저히 답이 나오지 않는 게 첫 번째 이유였고, 집에서 일하는 것보다는 조그만 공간이라도 마련하는 것이 여러모로 나을 것 같다는 게 두 번째 이유였다. 짐을 보자기에 싼 그대로 거실과 베란다에 쌓아 두고 이리저리 짐을 옮길 만한 방 한 칸을 알아보러 다녔다. 말하자면 오자마자 쫓겨난 셈이다. 아무리 작고 허름한 사무실이라도 적어도 보증금 500만 원에 월세 20만 원은 줘야 한다고 해서 그렇게 마음을 먹고 있었는데, 보증금도 없는 월 8만 원짜리 사무실을 운 좋게 잡았다. 사무실이라기보단 '아지트'란 표현이 더 어울릴 것 같다. 오래된 재래시장 2층 구석에 있는 7평 남짓한 사무실이다. 그냥 봐선 있는지 없는지도 모를 그런 공간이다. 문 앞으로 지나다니는 사람도 거의 없다. 예전에는 시장 번영회 사무실이었고, 얼마 전까진 낚시 좋아하는 분들이 모여 노는 사랑방이었다. 꽤 오랫동안 비어 있었는데 내가 차지했다.

언젠가는 따로 책 둘 공간을 갖고 싶다는 꿈을 이뤘지만 '칠암피싱클럽'도 곧 포화 상태에 이르렀습니다. 무언가 애착을 가지고 수집한다는 건 자신의 공간을 내어 주는 것이란 생각이 들더군요. 공간을 내어 준다는 건 꽤 힘든 일입니다. 끊임없이 비용과 에너지를 써야만 하니까요. 책은 여러 가지 이유로 매력적인 수집품입니다. 특별한 경우를 제외하곤 저렴하게 구할 수 있습니다. 잘 보관하기만 하면 쉽게 상하지도 않습니다. 가끔은 인테리어 소품으로도 활용할 수 있습니다. 모자라지도 넘치지도 않게 책을 소유한다는 건 얼마나 힘든 일인가요. 만약 자신이 독서가의 자질도 갖추었다면 책의 매력은 배가되겠죠. 장서가와 독서가는 대부분 같은 목적과 성향을 가지지만 가끔 한쪽의 매력에만 빠지는 사람도 있습니다. 저는 독서가보다는 장서가에 더 가까운 듯합니다. 칠암피싱클럽이 포화 상태에 이르렀을 때(집에도 점점 책이 늘어났습니다) 오랫동안 계획하고 있던 헌책방을 열기로 결심했습니다.

2013년 11월에 헌책방을 시작했을 때 약 2만 권의 책이 있었습니다. 책방뿐 아니라 책방이 있는 건물 계단까지 책이 빼곡하게 쌓여 있었죠. 원래 가지고 있던 책에 예전에 단골로 다니던 헌책방 책방지기님의 소개로 문을 닫게 된 용인의 한 헌책방에서 인수한 책까지 더하니 책이 산처럼 쌓였습니다. 용인에서 5톤 트럭 두 대가 책을 가득 싣고 오던 날이 생각나는군요. 약 2만 권이라고 하지만 솔직하게 말하면 정확하게 알 수 없습니다. 용인 헌책방 주인장이 5톤 트럭 두 대에 실어 보낸 책이 약 1만 2천 권이라고 말씀하셨고, 제가 가진 책이 8천 권쯤 되니 그 정도 되는가 보다 어림짐작했죠.

처음 책방을 연 곳에서 두 번 더 이사해 지금의 작은 공간으로 옮겼습니다. 그사이 도저히 팔리지 않을 책들을 정리했습니다. 오래된 전공 서적, 어린이 전집류, 참고서, 잡지, 이를 맞출 수 없는 만화책……. 특히 옛 백과사전을 버릴 때는 마음이 쓰라렸습니다. 현재 공간으로 이사를 끝낸 후 이제 더는 책을 들이지 말자고 최소한 지금 상태만이라도 유지하자고 굳게 마음먹었습니다. 하지만 마음대로 되지 않더군요. 책을 사러 오는 손님은 없고 팔러 오는 손님만 오는 날도 있으니까요. 책 장사도 장사인지라 파는 것보다 사는 것이 많으면 곤란하지만 좋은 책을 들고 오는 손님은 언제나 두 팔 벌려 환영입니다. 일본의 서평가 오카자키 다케시는 이렇게 썼습니다.

어떤 사람은 헌책방 일이 책을 싸게 사들여서 비싸게 팔아먹는 돼먹지 못한 장사라고 생각할지도 모른다. 면전에 대고 그렇게 말하는 사람도 있다고 들었다. 하지만 헌책방 주인 편인 나는 헌책방 주인이자 소설가 데쿠네 다쓰로가 『소세키를 팔다』(분게이슌주, 1995)에서 "헌책방 주인은 장사에 서툴러요"라고 한 말이 떠오른다.◆

◆ 오카자키 다케시, 『장서의 괴로움』(정수윤 옮김, 정은문고, 2014)

"헌책방 주인은 장사에 서툴러요"라는 문장이 가슴을 찌르더군요. 거기에 한 가지 더 덧붙여야겠습니다. 저는 헌책방을 열기 전까지 자만하던 '책 정리 기술'이 아무런 소용이 없다는 사실을 깨달았습니다. 나날이 쌓여 가는 책방의 책들을 보며 한숨 쉴 때가 많습니다. 어느 날은 그런 생각이 들더군요. 헤어날 수 없는 수렁에 빠진 것 아닌가 하고 말이죠. 모로호시 다이지로의 『시오리와 시미코의 살육시집』 (시공사)에 보면 책 수렁에 빠진 원귀들이 나오는데 딱 그런 기분이랄까요. 떠나는 책보다 책방으로 꾸역꾸역 찾아오는 책이 많으니 책방지기로 사는 동안에는 책 수렁에서 벗어나기 힘들 듯합니다. 이 수렁에서 벗어나는 날이 온다면 평생 동무 삼을 책 몇 권만 머리맡에 두겠습니다. 하지만 평생 동무로 삼을 만한 책은 여전히 찾는 중이니 현재의 고통을 즐겨야겠지요. 언제쯤 조지 기싱의 상상처럼 아담하고 고요한 공간을 마련하여 빈 벽엔 판화를 걸고 고르고 고른 사랑하는 책들과 지낼 수 있을까요.

방이 어쩌면 이토록 조용할 수 있을까! 나는 아무 일도 하지 않으며 방에 앉아서 하늘을 쳐다보거나, 양탄자 위에서 시시

각각으로 변하는 황금 햇살의 형상을 바라보거나, 벽에 걸린 액자 속의 판화들을 하나씩 살피거나, 책꽂이에 줄지어 늘어선 내 사랑하는 책들을 훑어보았다. 집 안에 움직이는 물체라고는 하나도 없다. 정원에서는 새들이 지저귀는 소리며 날개를 퍼덕거리는 소리가 들린다. 원하기만 한다면, 나는 하루 종일이라도 그리고 밤이 되어 더 깊은 정적이 찾아올 때까지도 이렇게 앉아 있을 수 있다.◆

◆조지 기싱, 『기싱의 고백』(이상옥 옮김, 효형출판, 2000)

**완벽한 서재에
대한 꿈**

'완벽한 서재'란 사람마다 생각이 다르겠지만 결국 자신이 가진 책을 모두 '정리해서' 둘 수 있는 공간이 아닐까 싶습니다. 그게 초막이든, 궁궐이든 상관없어요. '정리해서'를 강조한 이유는 책을 쌓아 두기만 하는 공간이라면 아무리 넉넉해도 완벽한 서재라고는 할 수 없지 않나 생각하기 때문입니다. 애서가에게 책을 둘 공간은 언제나 좁고 모자라지만 가족의 눈치를 보지 않고 집에 서재를 따로 둘 수 있는 것만으로도 행운입니다.

꽤 오랜 세월 서재를 따로 갖기를 원했지만 꿈을 이룬 건 얼마 되지 않습니다. 이사하고 약 9제곱미터(2.7평, 전 주인이 창고처럼 사용하던 곳)쯤 되는 작은 방을 배정받아 집 안에 있는 모든 책을 한곳에 모은 것만으로도 행복했습니다. 따로 책방이 있지만 거긴 팔아야 할 책이 있는 곳이고 서재는 동무 같은 책을 두는 곳이니 그 의미가 다릅니다.

오래전부터 마음속으로 생각하던 완벽한 서재에 대한 몇 가지 조건이 있습니다.

첫 번째, 고요할 것

두 번째, 좁고 긴 직사각형 모양이고 천장이 시원할 정도로 높을 것

세 번째, 창이 북쪽으로 나 있을 것

네 번째, 최소한 1천 권의 책을 둘 수 있을 것

다섯 번째, 180×80센티미터 크기의 책상과 편안한 의자가 있을 것

지금 제가 앉아 있는 서재는 좁고 낮고 정사각형이라는 사실만 제외하면 평소 생각하던 완벽한 서재에 가깝습니다. 폭 180센티미터 책상을 넣을 자리도 있으니 다행이죠.

서재는 두 가지 기본 기능을 충족해야 합니다. 첫 번째는 책을 읽을 수 있어야 하고, 두 번째는 책을 보관할 수 있어야 하죠. 두 가지 기능 중 어떤 것이 더 중요한지는 서재 주인만이 판단할 수 있습니다. 저의 경우 '현재로선' 두 번째 기능에 더 무게를 둡니다. 책 읽는 공간은 자유롭게 선택 가능하지만 보관은 서재 이외의 장소에선 온갖 '위험'에 노출될 수밖에 없으니까요(헌책방을 운영한다는 어쩔 수 없는 상황 탓도 있습니다). 이 두 가지 기능이 조화를 이루기 위

해선 공간뿐 아니라 서가와 책상 그리고 여러 가지 물건이 필요합니다.

늘어나는 책만큼 공간을 확장할 수 있으면 좋겠지만 그건 해가 서쪽에서 뜨길 바라는 일입니다. 아마 대부분의 애서가는 '장서의 괴로움'에도 불구하고 끊임없이 자책하며 책을 사 모을 겁니다. 게다가 지금은 장서가의 서재를 따라가고 싶지만 '명창정궤'明窓淨几◆, 단출하고 정갈한 서재에 대한 꿈도 버릴 수 없습니다. 언젠가 눈이 침침해질 때쯤이면 책 욕심을 버릴 수도 있겠지요.

오카자키 다케시는 일본 가마쿠라 시대 은둔 시인인 가모노 조메이의 '명창정궤'를 소개합니다. 그는 예순 가까운 나이에 속세와 연을 끊고 한 면이 3미터(다다미 넉 장 반 크기)쯤 되는 초막을 짓고 독서와 저작에 힘씁니다. 그가 남긴『방장기』에는 자신이 살던 초막에 대한 묘사가 나옵니다.

지금 히노산 깊숙한 곳에 들어와 속세와 연을 끊고 살고 있다. 집 동쪽으로 3척 남짓한 작은 지붕을 내어 그 아래서 나뭇가지를 꺾어 밥을 짓고, 남쪽으로 대나무로 툇마루를 만들고, 서쪽 끝으로 불단에 공물을 바칠 선반을 마련했다. 방 안 북쪽으로 장지문을 사이에 두고 아미타불 그림을 걸었고, 그

◆ 햇볕 잘 드는 창 아래 깨끗한 책상. 중국 송나라 학자 구양수의 「시필」(試筆)에 나오는 구절로, 말끔히 정돈된 서재의 모습을 표현한 말이다.

옆에 보현보살 그림을 걸었다. 그 앞 책상에는 『법화경』이 놓여 있다. 방 동쪽 끝에는 밤에 이불 대신 쓸 기다란 고사리 줄기가 쌓여 있다. 남서쪽에 대나무로 만든 선반을 매달아 검은색 가죽을 씌운 상자 세 개를 올렸다. 상자에는 시, 음악, 『왕생요집』往生要集 등의 초서가 들어 있다. 그 옆에는 접이식 거문고, 조립식 비파가 하나씩 세워져 있다. 소위 접이거문고, 조립비파라고 하는 것이다. 내가 임시 거처하고 있는 초막은 이와 같다.◆

훗날 욕심을 버리고 깨달음을 얻어 이처럼 살 수 있을까요. 상자 세 개에 든 책 몇 권, 음악을 즐길 악기, 경치 대신 감상할 그림과 추위를 피할 고사리 줄기 외엔 아무것도 없는 초막이라도 만족하는 마음은 책만 읽어선 얻을 수 없는 듯합니다. 따져 보면 아무리 책을 좋아하고 속독한다 해도 평생 얼마나 많은 책을 읽을 수 있을까요. 중년 이후의 독서는 훗날 명창정궤, 소박한 독서가로 살기 위해 남겨 둘 책을 고르는 작업이라는 생각을 한 적 있습니다. 조금씩 책 욕심을 버리는 중이지만 아직까진 읽고 싶고 아끼고 싶은 책이 많으니 문제군요. 장서가의 서재에 대한 미련을 버리지 못한 탓이겠죠.

◆ 오카자키 다케시, 『장서의 괴로움』(정수윤 옮김, 정은문고, 2014)에서 재인용.

다치바나 다카시의 『나는 이런 책을 읽어 왔다』가 번역 출간되었을 때 책 속에 있는 그의 고양이 빌딩을 보고 감동했습니다. 너무나 멋진 공간이더군요. 애서가라면 누구나 꿈꿀 만한 곳이었습니다. 작지만 건물 전체를 책으로 채우고 온전히 읽고 쓰는 작업만으로 생계를 유지할 수 있는 사람이 세상에 몇이나 될까요. 『나는 이런 책을 읽어 왔다』에선 일러스트레이터 세노 갓파의 그림으로, 『다치바나 다카시의 서재』에선 사진가 와이다 준이치의 생생한 사진으로 고양이 빌딩의 내부를 자세하게 들여다볼 수 있습니다. 그는 약 20만 권의 책을 소장하고 있는 고양이 빌딩에서 많은 책을 저술했습니다. 국내에 소개된 책만 해도 앞의 두 책을 포함해 20권이 넘습니다. 고양이 빌딩은 단순한 서재가 아니라 책이 만들어지는 생산 기지기도 합니다. 그는 자신이 '책을 처분하지 않는 인간'이라고 고백합니다. 고등학생, 대학생 시절에 구입한 책도 간직하고 있다고 말하지요.

고양이 빌딩을 짓기 전까지 오랜 세월 책을 처분하지 못하고 고생한 경험담이 『나는 이런 책을 읽어 왔다』의 「나의 서재, 작업실론」에 상세하게 나옵니다. 책을 좋아하고 처분하지 못하는 장서가가 겪을 수밖에 없는 경험을 구체적으로 소개합니다. 도저히 치유할 수 없는 '지식욕의 끝장 에피

소드'를 읽노라면 저의 고생쯤은 깃털처럼 가벼웠다고 위안받게 되더군요.

　다치바나 다카시가 생각하는 '좋아하는 서재의 조건'은 다음과 같습니다. "첫 번째 바깥 세계와 동떨어져 있고, 두 번째 좁으며, 세 번째 기능적으로 구성되어 있는 공간"입니다. 제가 생각하는 '완벽한 서재'와 비슷한 점이 많습니다. 첫째도 둘째도 서재는 외부로부터 방해받지 않는 조용한 곳이어야겠지요. 좁다는 것도 집중하기 위해선 꼭 필요한 요소인 듯합니다. 기능적으로 구성된 공간은 서가를 효율적으로 배치할 수 있어야 한다는 뜻이겠지요. 그리고 그는 서재가 그리 넓을 필요가 없다고 강조합니다. 그가 묘사한 방이 우연인지는 모르겠지만 제가 앉아 있는 서재와 거의 일치합니다. 오히려 제가 더 넓은 공간을 가졌군요.

　방 안에서 몸을 자유롭게 움직일 수 있는 공간은 의자 주변의 반경 1미터 남짓이면 충분하다. 서재에서는 의자에 앉아 있는 일 이외에는 할 일이 없으므로 그 이상의 공간은 필요하지 않다. 그리고 이렇게 공간을 좁게 구성함으로써 그 기능성은 더욱 높아진다. 500권 정도의 책을 의자에 앉은 채로 손만 뻗으면 금방 볼 수 있고, 잠깐 일어서는 정도의 작은 동작으로

1,500권 정도의 책을 볼 수 있다. 이 정도의 책들을 바로바로 볼 수 있다면 대부분의 일을 제시간에 마칠 수 있다. 전체 공간이 한 평 정도 되면 이런 공간을 만들 수 있다.◆

이제부턴 제 서재에 대한 이야기입니다. 현재 서재에 대한 설명이기도 하지만 꿈꾸던 서재에 대한 생각도 담았습니다. 서가는 「서가의 다양한 형태들」에서 길게 다룰 테니 제외하고 의자는 아직 마음에 드는 것을 찾지 못해 쓰지 않았습니다. 의자는 직접 앉아 보지 않고선 판단할 수 없는 듯합니다. 지금 사용하고 있는 의자를 오래 사용했지만 고장 나지 않으니 그냥 묵묵히 사용할 수 밖에요. 비싼 값을 주면 당연히 좋은 의자를 사용할 수 있겠지만 아무런 문제가 없는 의자를 내칠 수도 없는 노릇입니다.

◆다치바나 다카시, 『나는 이런 책을 읽어 왔다』(이언숙 옮김, 청어람
미디어, 2001)

방에 대하여

방문 앞에서 촬영한 서재 내부 모습. 컴퓨터를 올려 둔 책상의 폭이
180센티미터입니다. 서재의 크기를 짐작할 수 있을 겁니다. 광각
렌즈로 촬영해 실제보다 넓어 보입니다.

클라스 후이징의 소설 『책벌레』에는 주인공 라인홀트가
6만 권의 책을 소장하기 위해 공간이 얼마나 필요한지 계산
하는 장면이 나옵니다. 자신의 어머니와 통화하며 끊임없

이 중얼거리죠. 저의 서재에 책을 몇 권 소장할 수 있는지 그의 방식대로 계산해 보는 것도 재미있겠다 싶었습니다. 서재를 만들 수 있는 작은 방을 차지하고 제일 먼저 한 일도 라인홀트처럼 방 크기를 재고 어떻게 책상과 서가를 배치하고 얼마나 책을 보관할 수 있는지 계산하는 것이었지요.

6만 권의 책을 소장하려면 2,400제곱미터의 공간이 있어야 하고, 서가 7칸을 천장까지 올리면 2,400÷7=약 343제곱미터의 면적이 필요하다. 예, 엄마. 이제 책 놓을 공간이 부족해요. 침대도 방 한가운데로 옮겼어요. 벽 네 개가 다 필요하니까요. 343제곱미터라……. 집세가 1제곱미터당 12마르크라고 치면(정말 계산하면 되는 건가?) 난방비 빼고 집세만 4,116마르크. 그래요 엄마, 책이 많으면 난방 효과도 있어요. 겨울에는 따뜻하고 여름에는 시원해요.◆

책이 많으면 난방 효과가 있다는 말에는 저도 동의합니다. 책을 서가에 빽빽하게 채운다면 더할 나위 없는 보온재 역할을 하겠죠. 실제로 서가가 있는 서쪽 벽은 외부와 맞닿은 벽인데 책이 없다면 냉기나 열기가 곧바로 방 안 공기에 영향을 줄 게 틀림없습니다. 책이 벽을 더 두껍게 하여 그

◆ 클라스 후이징, 『책벌레』(박민수 옮김, 문학동네, 2002)

기운을 누그러뜨립니다.

서재 서가의 길이를 모두 쟀더니 약 37미터(정확하게는 3,710센티미터)가 나왔고, 책등 두께를 평균 2센티미터(시집의 두께는 7밀리미터 내외, 서재에 있는 책 가운데 가장 두꺼운 스티븐 핑커의 『우리 본성의 선한 천사』(사이언스북스)는 7.4센티미터)로 잡았을 때 서가에 꽂을 수 있는 책은 1,855권입니다. 서가에 다른 여러 잡동사니가 자리 잡을 수도 있으니 어림잡아 1,500권 정도는 충분히 보관할 수 있다는 계산이 나옵니다. 이중으로 충분히 꽂을 수 있는 경량랙 서가를 감안해 욕심내 책을 들인다면 2,000권까진 가능하리라 생각합니다.

2,000권이면 지금부터 열심히 1년에 100권을 읽는다 해도 다 읽는 데 20년은 걸리겠군요. 저는 더디게 읽는 편이고 워낙 잊기를 잘해 한 권 손에 쥐면 앞뒤로 다시 반복하기 일쑤니 열심히 책을 읽는다 해도 1년에 50권이나 될까 싶습니다. 책 읽는 속도도 느리고 권수와 횟수에는 그리 욕심이 없어서 2,000권이면 넉넉하다 생각합니다. 두고두고 곱씹어 읽을 2,000권의 정수精髓를 뽑아낼 수 있다면 그 책들로 책방을 해도 욕을 먹진 않을 듯합니다. 지금 제 서재는 중구난방 맥을 잡을 수 없는 책과 잡동사니로 가득하지만

스스로 행복하다면 그걸로 충분하겠죠.

　그래도 제가 꿈꾸는 이상적인 서재에 대한 기준은 분명합니다. 제가 읽고 싶은 책을 모두 둘 수 있고 고요하며 창밖으로 깊은 숲이 보이는 서재입니다. 현재로선 저의 작은 서재도 더할 나위 없습니다. 방해받지 않고 책을 두고 읽을 수 있는 작은 공간이 있다니 얼마나 행복한 일인가요. 그리고 '읽지 않은 책'이 제 작은 서재에 아직 많이 남아 있다는 사실에 안도합니다. 읽지 않은 책이 많을수록 서재가 가진 생명력은 강하리라 생각합니다. 극작가 카리에르와 기호학자이자 소설가 움베르토 에코는 서재를 이렇게 정의했습니다. 저도 두 사람의 주장에 동의합니다. 여러분 생각은 어떤가요.

　서재란 우리가 읽을 수 있는 책들입니다. 혹은 그럴 가능성이 있는 책들이죠. 그것들을 영원히 못 읽는다 할지라도 말입니다.
　—카리에르

　그것은 지식의 보장물이라 할 수 있죠.
　—에코◆

◆움베르트 에코, 장 클로드 카리에르, 『책의 우주』(임호경 옮김, 열린책들, 2011)

책상에 대하여

책상 위. 최대한 깨끗한 상태를 유지하려고 노력한다. 두닷 제품.

서재의 주인공은 당연히 책과 서가지만 눈이 먼저 가는 곳은 책상입니다. 공간의 중심을 잡아 주는 조연이랄까요. 책상은 독서가가 노는 공간입니다. 그래서 어떤 분들은 서가보다 책상에 훨씬 많은 투자를 합니다. 손길이 자주 닿는 물건이니 효율만 따져도 충분한 서가에 비해 서재 주인의 취향이 드러나기 마련이죠. 크기와 재질, 값도 천차만별이고 독서뿐 아니라 여러 작업을 병행하는 책상이니 처음 구입할 때 신중을 기해야 합니다. 한번 들이면 바꾸기도 힘드니까요. 컴퓨터까지 올려놓고 사용한다면 서재가 좁더라도 가능한 넓은 책상을 선택하는 편이 좋습니다. 책상 위에 책을 쌓아 두거나 온갖 것을 펼쳐 놓고 책을 읽거나 일하는 분이라면 더더욱 넓은 책상이 필요할 겁니다. 저 역시 꽤 넓은 책상을, 그것도 세 개나 ㄱ 자로 이어 붙여 사용하고 있는데도 가끔 좁다고 느끼니까요. 제가 책상 앞에 앉아 작업할 땐 책상 위가 거의 전쟁터에 방불합니다. 누군가는 책상을 어떻게 사용하는지만 봐도 그 사람의 성향을 알 수 있다고 하는데, 작업할 때와 그렇지 않을 때의 책상 풍경이 극과 극처럼 다른 저는 어떤 성향을 가진 걸까요. 집과 서재가 크지 않더라도 책상만큼은 넓게 쓰고 싶군요.

　내가 터억하니 앉아 있는 이 데스크는
　한때 보르네오 숲이었다.
　잘 자라 온 나이테의 배때기에 비계를 불리며 원목은 즐거이
　인도양 바람을 키웠다.

벌목꾼 마하트라 씨는 일당을 받고

쓴 침을 삼키며 집으로 갔을 것이다.◆

　황지우 시인의 시 「164」 중 일부입니다. 단단하고 넓은 원목으로 만든 ㄱ 자형 책상에 대한 로망을 가진 지가 오래입니다. 보르네오 숲에서 비계를 불린 티크로 만든 상판을 올리면 좋겠지만 마구잡이로 벌목한 탓에 티크가 위기에 처한 수종이라는 글을 『아름다운 목가구 만들기』(다섯수레)에서 읽은 적이 있습니다. 티크는 포기하기로 하고, 목재상에서 구하기 쉬운 나왕이나 두께 18밀리미터짜리 오크 집성목 두 장을 겹쳐 상판으로 얹고 다리는 철공소에서 가공해 만든 책상이면 좋겠습니다.

　지금 사용하는 책상은 책방에서 손님맞이용으로 쓰다가 집으로 가져왔습니다. 크기가 가로 180센티미터, 세로 80센티미터인데 가구 회사에서 만드는 책상 중 큰 축에 속합니다. 그 오른쪽에 아이들이 쓰던 작은 책상을 이어 붙여서 ㄱ 자 형태의 책상을 만들었습니다. 상판 색이 제각각이라는 단점이 있지만 이보다 더 편리할 수는 없습니다. 컴퓨터와 오디오를 올려 둔 큰 책상은 주로 일을 할 때 쓰고, 오른쪽 책상은 정리하지 못한 책을 올려 두거나 작업대로 사용

◆ 황지우, 『나는 너다』(문학과지성사, 2015)

합니다. 오른쪽 책상 위에는 여러 가지 잡동사니가 놓여 있고 아래쪽에는 서랍장이 있어 항상 복잡하지만 큰 책상만큼은 깨끗한 상태를 유지하려고 노력합니다. 그렇지 않으면 머릿속까지 번잡해져 멍하게 앉아 있게 되니까요. 책상 위에는 끊임없이 물건이 쌓이고 또 사라집니다. 책상만큼 사물을 품는 능력이 뛰어난 가구가 있을까요. 하지만 임시 거처에 가깝죠.

독서대에 대하여

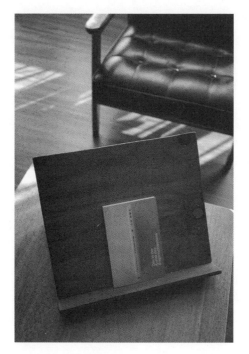

20여 년 전에 직접 만든 독서대.

독서는 마음에는 양식이 될지 몰라도 육체의 건강에는 크게 도움이 되지 않는 듯합니다. 책을 읽을 때는 어쩔 수 없이 몸을 웅크리고 미간에 힘을 주게 됩니다. 책상 위에 책을 펼쳐 놓고 읽으려면 고개를 숙여야 하는데 조금만 집중해서 앉아 있으면 목, 어깨, 허리, 아프지 않은 곳이 없습니다. 바르지 않은 자세로 책을 읽다 보면 결국 어딘가 고장 나기 마련입니다. 책을 읽을 때 그나마 몸을 바르게 세우도록 도와주는 물건이 독서대입니다. 독서대에 책을 올려놓고 읽으면 오랜 시간 책을 읽는 데 도움이 됩니다. 초등학교 저학년 시절, 앞으로나란히 자세로 팔을 뻗어 책을 세워 읽던 기억이 납니다. 자세로 따지자면 이보다 나은 독서법이 없겠지요. 하지만 쉬운 일이 아닙니다.

독서대의 형태는 옛날이나 지금이나 크게 다르지 않은 듯합니다. 1494년, 독일의 화가 알브레히트 뒤러가 종교와 권력의 타락을 비판한 제바스티안 브란트의 『바보배』에 싣기 위해 그린 삽화 「서치」書癡를 보면 알 수 있지요.◆그림 속에서 테가 굵은 안경을 쓴 서치는 깃털로 만든 먼지떨이를 든 채 독서대 위에 올려 둔 큰 책을 읽고 있습니다. 그림 속 독서대는 양면형인데 높이로 봐선 반대편 독서대는 서서 책을 읽을 요량으로 그리 만든 듯합니다. 멋진 아이디어라는

◆이 그림은 N. A. 바스베인스의 『젠틀 매드니스』(표정훈 외 옮김, 뜨인돌, 2006) 표지에도 나온다.

생각이 듭니다. 중세 시대에 이렇게 책을 읽을 수 있는 사람은 귀족이거나 성직자였겠죠. 그림만 보면 당시엔 이렇게 독서대에 올려놓고 책을 읽는 것이 당연한 듯 보입니다. 아마 책이 워낙 무겁고 판형이 크니 평평한 책상 위에 놓고 보기가 어려웠겠죠.

20년 넘게 사용하고 있는 독서대를 아낍니다. 군 복무 시절에 버려진 합판으로 만들었고 제대하면서 들고 나왔는데 어떻게 생각하면 국가 소유의 물건을 함부로 가져온 것일 수도 있겠군요. 갓 상병 진급할 때쯤 만들어서 병장이 되어서야 독서대를 놓고 마음대로 책을 볼 수 있었습니다. 직접 만들기도 했거니와 책 읽기가 편해 제대할 때 다른 짐은 후임병들에게 나눠 주고 독서대만 들고 탈래탈래 부대를 걸어 나온 기억이 납니다. 뭐 그런 구닥다리를 가지고 나가느냐 놀림받았죠. 하지만 20년이 지난 지금도 잘 쓰고 있으니 못을 15개만 박은 것 치곤 튼튼하게 잘 만든 듯합니다.

요즘은 기성품으로 편리한 독서대가 많이 나오더군요. 직접 만든 독서대와 함께 편리하게 사용하고 있는 것은 다이소에서 구입한 2,000원짜리 플라스틱 독서대입니다. 원래 책방에서 책을 전시할 용도로 샀는데 독서용으로 안성맞춤입니다. 두꺼운 책은 펼쳐 놓기 힘들지만 웬만한 단행본은 불편 없이 사용할 수 있습니다. 태블릿이나 전자책 단말기를 놓기에도 편리합니다.

알브레히트 뒤러, 「서치」(書癡), 목판화

탁상용 스탠드에 대하여

로봇 팔처럼 높이와 각도를 조절할 수 있는 이케아 포르사 스탠드.

소설가 제임스 A. 미치너의 「아흔이 되어 가는 작가에게 주는 시」 일부입니다.

"밤에 글을 쓰기 위해 일어나 켜 놓은 집 안의 불빛을 보았어요. 왜 그렇게 열심히 일하나요?"
"내게는 두 가지 목표가 있다오.
하나는 열심히 일하면서 내 심장을 자극하는 것이고,
다른 하나는 부지런히 글을 써서 내 영혼을 밝히는 것이오."◆

아흔을 바라보는 소설가가 늦은 밤 스탠드를 켜고 서재에서 타자기를 두드리는 모습을 머릿속에 그려 봅니다. 낮에는 책을 읽거나 글을 쓰는 일이 어렵습니다. 책방에 있으면 책을 펴 놓고 있어도 흐름이 끊기기 마련이고 글쓰기는 더더욱 힘듭니다. 식구가 모두 잠이 든 다음에야 겨우 마음 놓고 책을 읽을 수 있죠. 책상 앞에 앉으면 가장 먼저 탁상용 스탠드를 켭니다. 나만의 시간이 시작됨을 알리는 신호입니다.

만약 전구가 발명되지 않았다면 긴긴 밤을 어찌 견뎠을까요. 1879년 에디슨이 수천 번의 실험 끝에 안정적인 전구를 만들어 냅니다. 일설에 의하면 9,999번 실험에 실패하

◆ 제임스 A. 미치너, 『작가는 왜 쓰는가』(이종인 옮김, 예담, 2008)

고서야 성공했다는데 과장이 섞였겠지요. 전구 발명은 인류 역사상 가장 중요한 사건 중 하나가 아닐까요. 밤의 어둠을 이겨 내고 편하게 책을 읽고 글을 쓸 수 있는 시대가 열렸으니까요. 사실 독서 시간을 늘린 것뿐 아니라 노동 시간까지 늘렸으니 마냥 좋다고만 할 수는 없군요.

책을 읽기 위해 꼭 필요한 물건이 탁상용 스탠드입니다. 지금까지 여러 탁상용 스탠드를 써 봤는데 로봇 팔처럼 움직이는 이케아 포르사 스탠드가 가장 편하더군요. 책을 읽거나 작업할 때 조명은 정말 중요합니다. 빛이 너무 넓게 퍼져서는 안 되죠. 그리고 최대한 자리를 차지하지 않는 것이 좋습니다. 각도 조절도 편해야 하고요. 이 모든 조건을 만족시키는 탁상용 스탠드가 이케아 포르사입니다. 이 스탠드도 그렇고 빌리 서가도 그렇고 이케아의 몇몇 물건은 책을 정말 좋아하는 사람이 디자인했구나 싶습니다. 굉장히 사소한 부분을 개선해 기존의 제품이 갖지 못한 장점을 갖추었달까요. 전등갓 아래 달린 각도 조절용 손잡이만 해도 그렇습니다. 만약 손잡이가 없었다면 불편했을 텐데 말이죠. 이런 작은 아이디어가 물건의 오라aura를 만듭니다.

커튼에 대하여

탁상용 스탠드의 필요성에 대해 썼지만 빛이 마냥 좋은 것은 아닙니다. 어느 순간부터(마흔이 지나고부터) 눈이 메마르고 눈부심이 심해졌습니다. 노안이 찾아오면 잔글씨는 보이지 않게 되겠죠. 창으로 쏟아지는 빛은 독서에 방해가 됩니다. 컴퓨터를 보고 있을 때도 그렇지요. 빛에 예민해지면서 아예 빛을 차단할 수 있는 방법을 생각했습니다. 커튼은 사용하기가 번거로우니 줄을 당겨서 올리고 내리는 암막 커튼(롤 블라인드)을 창문에 달았습니다. 혹 커튼을 주문한다면 재질이 불에 잘 타지 않는 불연성인지 확인하는 것도 중요합니다. 암막 커튼을 끝까지 내리면 완벽한 암흑 상태가 되죠. 눈앞의 환한 빛을 막아 주니 책 읽기가 편해졌습니다. 정수복 님이 파리에서 유학할 때 머물던 서재를 묘사한 글이 있습니다.

내가 살던 아파트는 ㅁ 자 모양으로 되어 있고 가운데 정원이 있었는데, 내 아담한 서재의 유리창을 통해 그 안마당이 보였고, 마당 너머로 다른 건물 정원의 나무가 보였으며, 건너편 건물 돌벽을 덮고 있는 담쟁이덩굴도 보였다. 비가 오고 눈이 내리며 구름이 흘러가는 하늘도 보였다. 햇빛이 드는 집을 찾기 어려운 파리의 주택 사정을 고려할 때, 그런 서재를 가질 수 있었다는 것은 내 인생의 행운 가운데 하나이다.◆

만약 창문 너머에 이러한 풍경이 펼쳐진다 해도 이제 눈이 부신 건 참을 수 없을 듯합니다. 이건 분명 노화가 진행된다는 증거겠지요. 다행스럽게도 제 서재의 창문 너머로 보이는 건 열려 있는 세탁기 뚜껑, 건너편 아파트 옥상과 약간의 하늘이 전부이니 암막 커튼으로 가린다 해도 크게 아쉬울 건 없습니다. 생각해 보면 창을 등지거나 옆에 놓고 앉아 책을 읽을 수 있는 구조라면 굳이 암막 커튼까진 필요 없을 듯합니다. 할 수만 있다면 왼쪽에 창을 두고 책상을 놓고 싶군요.

◆정수복, 『책인시공』(문학동네, 2013)

남의 서재
엿보기

지금껏 버리지 못한 고약한 취미가 '남의 서재 엿보기'입니다. 그러나 남의 서재를 구경하려면 허락받는 일이 먼저겠지요. 지금도 새로운 장소에 가면 책이 있는 곳부터 살핍니다. 책방지기가 된 지금은 고약한 취미가 아니라 고상한 직업병이라고 할 수도 있겠네요. 예전엔 다른 이의 서재나 책방에 가면 가장 먼저 서가 한 칸의 높이를 재곤 했습니다. 자를 들고 다니는 건 아니고 엄지와 약지를 최대한 벌리면 딱 23센티미터가 나오는 오른손 한 뼘으로 높이를 쟀죠. 책이 촘촘히 꽂힌 서가만 보면 최적의 높이를 찾기 위해 손바닥을 가져다 댔고, 25센티미터가 가장 적당하다는 결론을 얻었습니다. 하지만 모든 칸의 높이를 25센티미터로 맞출 수는 없습니다. 한정된 서가 높이에서 나누다 보면 마지막 한 칸은 그보다 낮거나 높을 수밖에 없죠.

　그뿐 아닙니다. 서가에 꽂힌 책과 책상 위에 놓인 책은 무엇인지, 서재에 있는 가구들은 어디서 만든 어떤 회사 제품인지 죄다 궁금했습니다. 서가에서 평소 볼 수 없는 책이나 물건을 발견하면 참지 못하고 책방지기나 서재 주인을 귀찮게 하는 일이 다반사였습니다.

남의 서재를 엿보는 행복 중 으뜸은 좋아하는 작가의 읽지 못한 작품을 발견하는 것입니다. 헌책방에서 찾아 헤매다 결국 실패한 책을 찾아낼 때도 기쁩니다. 서재에 하나쯤 있는 액자 속 사진에 담긴 주인의 옛 모습을 보고 언제였는지 묻는 일도 즐겁습니다. 그리고 가장 큰 유익은 지금껏 모르던 책에 대한 정보를 얻는 것이죠.

서재에서 그 서재를 만들어 온 사람과 이야기를 나누는 것만큼 훌륭한 공부는 없습니다. 서재만큼 이야기가 풍성한 공간이 있을까요. 사실 서재만 보더라도 주인이 어떤 성향인지, 어떤 분야에 관심 있는지, 어떤 삶을 지향하는지 어림짐작할 수 있습니다. 책상이나 서가의 정리 상태, 책을 다룬 흔적으로도 그의 성품을 추정할 수 있습니다. 서재라는 한정된 공간에서 얻는 정보지만 서재에는 주인의 과거와 현재 그리고 미래에 대한 정보가 여기저기 흩어져 있지요. 서가에 꽂힌 책들 중에 제가 가진 책과 겹치는 책이 많으면 묘한 친근감이 듭니다. 이런 경우 더 자세하게 어떤 책이 있나 살피기도 합니다. 그는 나와 비슷한 지도를 가지고 책의 세계를 탐험하고 있는 건 아닐까 상상합니다.

심리학자 샘 고슬링은『스눕』에서 상대방의 생활 습관을 유추할 수 있는 몇 가지 기술을 소개합니다. 그중에 책은 특히 많은 의미와 단서를 담고 있다고 말합니다. 저자가 라리사라는 친구를 사귀었을 때 '스누핑'snooping을 하는 장면입니다.

그녀의 침대 바로 옆에는 손때 묻은 책들이 꽂혀 있는 작고 깔끔한 책장이 있었다. 책장은 제롬 데이비드 샐린저, 존 캐뱃-진, 척 클로스터먼, 지몬 비젠탈 그리고 비슷한 성향의 작가들 책으로 채워져 있었다. 이 모두가 그녀가 편견 없고 사려 깊은 사람이라는 것을 알려주고 있었다. 하지만 한 권의 책, 어니스트 헤밍웨이가 1920년대 파리에서 생활을 회고한 고전『해마다 날짜가 바뀌는 축제』A Moveable Feast◆는 좀 특별한 장소에 놓여 있었다. 그 책은 그 책만을 위한 작은 단 위에 있었는데, 마치 책장 위의 작은 신전처럼 보였다. 스테파니의 갈매기 모빌처럼 그 책도 우연히 거기 놓은 게 아니라 분명한 의도를 갖고 놓아둔 것이 틀림없었다.◆◆

이렇게 일관성 있고 단출한 서가를 가진 이라면 그의 기술이 통할 수도 있겠지만 온갖 분야의 책으로 넘쳐나는 서

◆ 국내에는『파리는 날마다 축제』(주순애 옮김, 이숲, 2012)로 번역 출간되었다.
◆◆ 샘 고슬링,『스눕』(김선아 옮김, 한국경제신문, 2010)

재에서는 셜록 홈스나 에르퀼 푸아로의 실력이 아니라면 오히려 머릿속만 복잡해지지 않을까요.

고칠 수 없는 고질, 서재 엿보기

사진가 홍성태의 서가, 임수식, 「책가도043」, 프린트된 한지에
손바느질, 74cm×80cm, 2010

사진가 윤광준의 서가, 임수식, 「책가도066」, 프린트된 한지에
손바느질, 105cm×65cm, 2013

언론사와 잡지사에서 일하던 시절, 작가의 서재를 살펴볼 기회가 종종 있었습니다. 사진 잡지 『포토넷』에서 일할 때 1년쯤 사진가 임수식 작가와 함께 사진가의 서재를 찾아 인터뷰하는 '사진가의 책가도'를 진행했습니다. 임수식 작가는 오랫동안 많은 지식인의 서가를 찍어 작품을 만들고 『출판저널』에 기고했습니다. 2007년부터 작업한 '책가도 시리즈'를 묶어 2016년에 사진집 『책가도』(카모마일북스)를 펴내기도 했죠. 저는 책과 작품에 대해 묻고 기록했습니다. 잡지사에서 일하기 전 아마추어 사진가로 오랜 세월 흠모하던 분들을 독자가 아닌 인터뷰어가 되어 만나니 행복했습니다. 평소 궁금하던 점도 바로 물을 수 있었고 사진에 대한 이해의 폭을 넓힐 수 있었습니다.

사진가 김한용 선생님이나 홍순태 선생님의 서재는 그야말로 작은 박물관에 가까웠습니다. 충무로에 자리 잡은 김한용사진연구소엔 1960년대부터 촬영한 인물 사진이 벽과 천장까지 빼곡하게 붙어 있었죠. 잡지 『여원』의 표지 인물 사진을 촬영하며 실력을 인정받은 선생님은 기업의 광고사진까지 도맡아 찍었고, 그렇게 작업한 필름이 서가에 빼곡하게 쌓여 있었습니다. 책으로 묶이진 않았지만 그 필름들은 한 사진가의 인생을 담은 책이나 다름없죠.

다큐멘터리 사진가로 오랜 세월 활동하며 『사진 이론을 버려라』(대원사) 등 여러 책을 쓰고 신구대학교에서 학생을 가르친 홍순태 선생님의 서재는 결벽에 가깝게 완벽히 정리되어 있었습니다. 가장 눈길을 사로잡은 것은 랜덤하우스에서 출간한 노란색 표지의 '세계를 간다' 시리즈와 파란색 '론리 플래닛' 시리즈가 정리된 서가였습니다. 두 시리즈가 묘하게 대비를 이뤘습니다. 헌책방에 가면 철 지난 여행정보서를 싼값에 구입할 수 있는데 이렇게 제대로 정리해서 서가에 갖춰 두면 더할 나위 없는 읽을거리가 되겠구나 생각했죠.

서가 주위에는 선생님께서 여행을 다녀오며 수집한 다양한 기념품이 함께 놓여 있었습니다. 선생님의 꼼꼼함은 그뿐이 아니었습니다. 학생들 수업에 사용하기 위해 유명 사진집을 복사 촬영한 슬라이드 필름도 소중하게 보관하고 계셨습니다. 지금이야 인터넷으로 작가 이름만 검색하면 사진을 구할 수 있지만 2000년대 초반만 해도 슬라이드 필름으로 작품을 발표했으니까요. 홍순태 선생님은 지난 2016년 작고하셨습니다. 선생님의 애정 가득한 사진집과 물건이 온전히 제자리를 잡고 있던 서재가 지금도 그대로인지 궁금합니다. 김한용 선생님이나 홍순태 선생님의 서재와

그곳에 담긴 자료를 '아카이브' 할 수 있다면 훌륭한 문화
자산이 될 텐데요.

『윤광준의 생활명품』(을유문화사), 『잘 찍은 사진 한 장』(웅
진지식하우스), 『소리의 황홀』(효형출판)을 쓴 베스트셀러 작가
이자 사진가인 윤광준 선생님의 서재를 방문한 기억도 생생
합니다. 일산에 있는 선생님의 서재 이름은 'B1'인데 무슨
뜻인지 궁금했습니다. 뭔가 심오한 뜻이 있을 거라 예상했
는데 지하 1층에 있어서 'B1'이었습니다. 음악을 듣기 위해
서 서재 겸 작업실을 지하실에 얻고 이름을 'B1'으로 지었
다고 하시더군요.

작가의 취향이 그대로 드러나는 작업실에는 커피 향이 가
득했고, 음반과 책을 꽂아 두는 서가가 청음 공간과 집필 공
간을 자연스럽게 분리하고 있었습니다. 나중에 『내가 갖고
싶은 카메라』(포토넷)를 편집하며 몇 번 더 'B1'을 찾았습니
다. 그때마다 카메라와 사진보다 오디오와 음반에 대한 이
야기를 더 많이 나누었던 기억이 납니다.

『레닌이 있는 풍경』(산책자), 『파미르에서 윈난까지』(현암
사)의 저자인 사진가 이상엽 선배를 남산타워가 훤히 보이
는 옥상 서재에서 인터뷰하기도 했습니다. 이상엽 선배는
글 쓰는 사진가로 20권이 넘는 책을 기획하고 만들었습니

다. 작은 옥탑방 벽면 서가에는 낡은 인문학 책들이 빼곡하게 채워져 있었는데 그 책들이 글쓰기의 밑돌이 되었겠지요. 인터뷰 중에 헌책방에서 상허 이태준의 『소련기행』(깊은샘)을 구했다는 이야기를 듣고 부러워했지요. 그때 인터뷰를 다니며 기사에 이런 글을 쓴 기억이 납니다.

"서가는 그 주인의 인생을 들여다볼 수 있는 작은 성소聖所와 같다."

서재 주인의 인생 엿보기

누군가의 서재와 서가를 구경하는 일은 언제나 설레고 흥분되는 일입니다. 서가에 책이 많고 적음이나 어떤 책을 품고 있는지는 사실 별로 중요치 않습니다. 서가를 들여다보며 책을 사랑하는 사람의 향기에 취하고 돌아서선 내 서가의 모자람을 되짚을 수 있으니 소중한 거지요.

출판기획자 김영훈 님이 잡지 『브뤼트』 2009년 9월호에 쓴 기사 중 일부입니다. 인문학자 김열규 선생님의 서재를 방문하고 남긴 감회가 얼마나 깊은지요.

서재의 정리는 그 책들의 고귀함에 비할 데 없이 허술했다. 방치된 책들의 서가는 어렴풋이 소유의 개념이 아니라 독서를 위해 책이 존재한다는 사실을 일깨워 주었다. 내가 그토록 찾아 헤맨 책들이 화석처럼 낡은 책장 안에 고스란히 꽂혀 있었다. 그 모든 책을 자루에 담고 싶은 충동을 느꼈다. 7월의 더위와 내리는 비를 바라보며 나는 잠시 멈춰 버린 시간 속에 있었다. 나는 그 방에서 홀로 머물며 낡은 책에 잠시 취했다.

경기도 양평 깊은 산골에 살고 있는 소설가 김성동 선생님을 뵈러 간 적이 있습니다. 서울에서 양평으로 가는 내내 집에 둔 『만다라』 초판본을 가져오지 못한 것이 마음에 걸렸습니다. 그 시절엔 작은 원룸에서 살던 때라 책 대부분을 고향으로 보냈습니다. 선생님을 뵈러 갈 걸 미리 알았더라면 준비해 놓았을 텐데 그러지 못해 아쉬웠죠. 『만다라』 초판본에 선생님의 서명을 받았다면 두고두고 자랑거리가 되었겠지요.

그때 제가 들고 간 책은 당시 출간된 지 얼마 되지 않은 보급판 『김성동 천자문』(청년사)이었습니다. 선생님께 청하였더니 "이래 작은 책을 가져와서 이름을 적어 달라면 어떡하냐?" 하셨습니다. 그러곤 방에 들어가시더니 큰 판형을 가지고 나와 서명을 해 주셨습니다. 선생님께서 천자문의 어떤 구절이 마음에 와닿더냐고 물으셨을 때 머뭇거리며 '탐독완시 우목낭상'耽讀翫市 寓目囊箱이 제일 마음에 든다고 말씀드렸죠. 이 구절의 뜻은 이렇습니다.

저잣거리 책방에서 글 읽기에 골몰하니, 눈길을 붙이기만 하면 그대로 주머니와 상자 속에 갈무리하는 것과 같다.

이 글의 주인공은 중국 후한 시기의 진보적인 사상가 왕충입니다. 글 읽기를 좋아했지만 책 살 돈이 없어 낙양 저잣거리 책방에 가서 난전에 펼쳐진 책을 읽었는데 기억력이 뛰어나 한 번만 훑어보고도 그 내용을 모두 외웠다고 합니다. 이 구절을 말씀드리니 선생님께서는 바로 이렇게 말씀하셨습니다.

"독서지유환지시讀書之有患之始니 절학무우絶學無憂니라."

뜻은 이렇습니다.

책을 읽는 것이 불행의 시작이니, 배움을 그치면 근심 또한 없으리라.

선생님의 아버지(김봉한)는 일제강점기엔 독립운동을 하고 해방 이후엔 전국농민동맹충남지부 대표를 맡았습니다. 그 이후에는 좌익 혐의로 형무소에 갇혀 재판을 기다리다 한국전쟁이 발발하자 처형됩니다. 선생님의 할아버지가 백방으로 수소문했지만 시신도 찾지 못했죠.

선생님의 할아버지는 자신의 아들이 책 잘못 읽은 죄로 그렇게 되었노라고 장탄식을 하면서도 어린 손자를 옆에 앉히고 천자문을 가르치셨다고 합니다. 선생님께서 당시 이야기를 하며 서가에서 꺼내 온 것은 '다시는 돌아갈 수 없으리'라는 제목의 철끈으로 묶은 육필 원고와 어린 시절 할아버지 곁에서 붓으로 필사한 『명심보감』이었습니다. 어린아이 글씨라고는 믿기 어려울 정도로 필체가 훌륭했습니다. 이 필사본 하나를 펼쳐 본 것만으로도 서가를 다 훑어본 기분이었습니다. 이 내용은 『김성동 천자문』에도 실려 있습니다.

배움이 깊다 해도 역사의 흐름 앞에서 개인은 속절없이 휩쓸리고 상처를 입을 수밖에 없다는 사실을 선생님의 가족사를 들으며 깨달았습니다. 눈앞의 불행조차 알지 못한다면 책을 읽어서 무슨 소용인가 하는 의문도 들었습니다. 하지만 사람이 책을 읽고 배움이 없다면 인생의 큰 즐거움을 잃어버리게 되겠죠. 책을 읽을 때 왕충의 고사처럼 꼭 서재가 필요한 것은 아니겠지요. 책만 있다면 어디서나 독서의 즐거움을 찾을 수 있을 겁니다. 선생님의 할아버지 장암 김치현 선생님이 남기신 말씀을 전하고 싶군요.

사람이 책을 읽지 않는 것은 마치 아무런 재주도 없이 하늘로 올라가려고 하는 것과 같고, 책을 읽어서 슬기샘이 터져 그

뜻이 훌륭해지고 보면 높은 산꼭대기에 올라 발아래를 내려다보는 것처럼 후련한 마음이 된다. 그러므로 집안 살림이 비록 애옥하다고 할지라도 학문을 버리지 말아야 할 것이며, 오히려 더욱더 부지런히 파고들어야 한다.

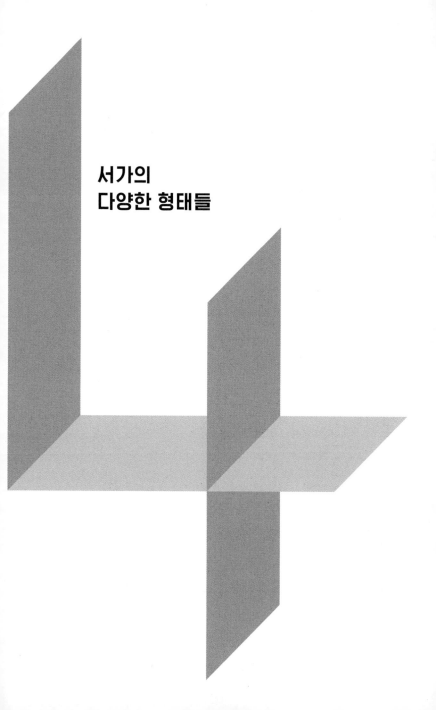

서가의
다양한 형태들

집에 서가를 새로이 들일 때마다 왜 그렇게 마음에 드는 것을 찾기가 어려운지요. 시중에서 파는 대부분의 서가에는 쓸모없는 공간이 많습니다. 책을 더 꽂을 수 있는 공간을 충분히 만들 수 있는데도 왜 그걸 살리지 않는지 답답합니다. 선반 한 칸 높이가 30센티미터인 6단 서가가 가장 흔히 볼 수 있는 형태입니다. 선반 높이를 줄여 7단으로 만들면 보기도 좋고 책도 더 많이 꽂을 수 있을 텐데 그런 서가는 찾기 힘들더군요. 선반을 추가 주문하더라도 선반 높이를 미세하게 조절할 수 없으면 소용없습니다. 그리고 왜 그렇게 깊게 만들어 먼지가 쌓이도록 하는지도 이해할 수 없더군요. 깊이가 30센티미터나 될 필요가 없는데도 말이죠. 높이도 깊이도 25센티미터 내외가 가장 적당한데 그 치수에 맞는 서가 찾기가 힘들었습니다.

많은 시행착오를 거치다 결국 어설픈 목공 실력으로 직접 서가를 만들게 되었습니다. 서가의 크기뿐 아니라 재료에도 불만이 생겼기 때문입니다. 좋은 목재를 사용하면 값이 너무 비싸고, MDF 합판으로 만든 서가는 시간이 지나면 휘어지기 일쑤였으니까요.

오랜 세월 손때 묻히며 쓰다 물려줄 수 있는 서가에 책을 꽂아 두고 싶었지만 워낙 이사를 자주 다닌 터라 그때마다 서가를 재배치하는 일이 쉽지 않았습니다. 그래서 얻은 결론이 분해 조립이 가능한 경량랙 서가를 사용하고 나머지 공간에는 서가를 직접 만들어 채워 넣는 방식입니다. 시간과 비용도 줄고, 책을 꽂을 수 있는 공간도 최대한으로 확보돼고 이사하더라도 다시 서가를 구입하지 않아도 된다는 장점이 있더군요.

세상에 완벽한 서가는 어디에 존재하는 걸까요. 장서가의 가장 큰 고민은 아마 서가에서 시작해 서가에서 끝나지 않을까요. 책을 사 모으고 정리하는 일은 서가가 있어야만 가능합니다.

결국 판자를 책꽂이로 만들고, 상자를 책장으로 만들어 주는 것은 그 안에 든 책들이다. 책들이 담겨지기 전의 판자와 상자는 그저 판자와 상자일 뿐이다. 나이가 들면서 책꽂이 만들기에 대한 우리의 취향도 진화한다. 많은 학생들이 벽돌과 판자 단계를 거친다. 이런 책꽂이는 이사를 다닐 때 편리하게 운반할 수 있다는 장점을 지녔다. 그러나 시간이 지나면서 우리 대부분은 진짜를 원하게 된다. 처음부터 책꽂이라는 용도로 만들어진 책꽂이를 원하게 되는 것이다. 그러다가 자리도 잡히고 돈도 벌면서 우리의 집에 궁극적인 책꽂이가 놓이기를 바라게 된다. 가능하면 책들의 방이라고 할 수 있는 서재에 붙박이 책장이 놓이기를 바라게 되는 것이다.◆

헨리 페트로스키의 주장대로입니다. 처음에는 소박하게 시작하지만 책이 늘고 나이가 들고 살림살이가 나아지면 자연스레 '취향도 진화'합니다. 책을 꽂기 위한 단 한 가지 목적을 가진 단순한 물건이 아니라 지적 허영을 충족시키고 수집품의 저장과 관리를 위한 특별한 가구를 찾게 됩니다. 이 과정을 결정하는 것이 바로 경제력과 이사지요. 오랜 시간 움직이지 않을 집을 구한 다음 서재를 꾸밀 수 있는 상황이 아니라면 아무리 고상한 취향을 가졌다 해도 소용없습니다. 전셋집을 전전하거나 재산을 불릴 목적으로 집을 소유하고 있다면 서가는 피난민의 임시 거처에 놓인 살림살이나 마찬가지입니다.

지난 경험에 비추어 보면 책과 서가는 괴로움의 시작이자 끝이었습니다. 이사할 때마다 책을 줄이자고 다짐하지만

◆ 헨리 페트로스키, 『서가에 꽂힌 책』(정영목 옮김, 지호, 2001)

그때뿐입니다. 그 고생을 하고도 다음 이사 때까지 그 다짐을 까맣게 잊으니까요.

이사를 자주 다닌 탓에 제가 생각하는 서가의 미덕 중 첫 번째는 해체와 조립이 가능해야 한다는 것입니다. 이사를 다닐수록 (다른 살림살이도 마찬가지겠지만) 서가도 상처가 나거나 망가지더군요. 선반이 주저앉고, 뒤판이 빠지고 선반 받침 부속품이 사라지기 일쑤였습니다. 무엇보다 이사하면서 공간이 바뀌면 서가의 배치가 달라질 수밖에 없는데 그럴 경우 가지고 있던 서가를 아예 사용하지 못해 새로 구입하는 경우도 종종 있었습니다.

두 번째는 선반의 조절과 추가가 자유로운 서가입니다. 가구 회사에서 판매하는 서가는 대부분 한 칸의 높이가 애매한 6단 서가이고 조절이 불가능합니다.

세 번째는 선반이 휘지 말아야 한다는 겁니다. MDF 합판이나 두께가 얇은 선반은 세월이 흐를수록 책 무게 때문에 아래로 휘어집니다. 어떤 물건도 중력을 벗어날 수는 없겠지요. 하지만 서가의 선반만큼은 중력을 이길 수 있으면 좋겠습니다. 책의 무게를 견디기 위해선 서가가 그만큼 튼튼해야 하는데 그럴수록 무거워지므로 이사할 때마다 원망하는 마음이 드는 건 어쩔 수 없습니다.

네 번째는 수평 조절발이 있어야 합니다. 바닥이 평평하지 않은 곳에 서가를 둘 때 수평 맞추기가 얼마나 힘든지 경험해 본 사람은 알 겁니다. 동전이나 장판 조각을 끼우는 등 수평을 맞추기 위한 여러 가지 방법이 있지만 수평 조절발이 달린 서가가 편리합니다.

마지막 다섯 번째는 이 모든 장점을 갖추고도 값싸고 아름다운 서가입니다. 이렇게 썼지만 이게 불가능하다는 걸 압니다. 그래서 완벽한 서가란 존재하지 않는 것이겠지요. 사실 완벽한 서가 찾기보다는 책과 나를 위해 더는 이사하지 않아도 되는 안식처를 찾는 일이 중요하겠지요. 내 집과 붙박이 서재 마련은 얼마나 어려운지요.

만약 자신의 '까다로운' 조건을 만족시키는 서가를 찾았다면(혹은 직접 만들었다면), 그 서가에 단순히 책을 보관하는 역할만 맡겨선 안 됩니다. 서가는 읽은 책의 정보를 체계화하고 읽지 않은 책을 정리하는 저장소 역할도 해야 합니다. 기억력이 뛰어난 이라도 읽은 책을 전부 기억하거나 한 권의 책 전체를 외울 수는 없습니다. 물론 마음에 드는 내용이나 문장은 머릿속에 각인되죠. 하지만 각인된 내용은 시간이 흐를수록 점점 희미해집니다. 아침 햇살에 흩어지는 안개처럼 말이죠. 간혹 읽었는지 안 읽었는지조차 알 수 없을 때도 있습니다. 어떤 책을 구입했다는 사실을 잊고 다시 구입하는 경우도 종종 있고요. 서가는 인간의 기억력을 보완하는 역할을 합니다. 서가를 잘 활용하면 필요한 정보를 손쉽게 찾을 수 있습니다. 물론 분류와 정리를 잘 한다는 전제가 필요합니다.

유명한 독서가이자 와세다대학교 비즈니스 스쿨 객원교수 나루케 마코토는 '뇌 기능을 백업하는 서가'에 대해 말합니다. 아무리 많은 책을 가지고 있어도 필요할 때 꺼내 쓰지 못한다면 소용이 없습니다. 즐거움을 위한 순수한 독서라면 그냥 쌓아 두는 것만으로도 충분합니다. 완벽한 서가를 찾는 일은 어쩌면 현재 가진 서가를 최대한 활용해 자신만의 '지식 저장소'로 바꾸는 것일 수도 있습니다.

뇌를 스쳐 간 정보를 눈에 보이는 형태로 두는 곳이 책장이다. 책장은 뇌의 기억 영역 대신에 정보를 저장해 둘 수 있는 장소다. 필요할 때 '이 내용은 어떤 책에서 읽었는데' 하며 기억해 내고 책장에서 그 내용이 있는 부분을 찾아낼 수 있으면 책장은 충분히 그 역할을 다한 것이다. 세세한 정보의 백업은 책장에 맡기면 된다.

(……) 뇌를 백업하는 기능을 못 하는 책장이라면? 책은 차라

리 종이 상자에 넣어서 쌓아 두는 편이 공간도 많이 차지하지 않고 정리된다. 하지만 그것은 어리석은 일이다. 책장 하나 없는 것과 마찬가지로 독서로 얻는 성장을 거부하는 셈이기 때문이다.◆

◆ 나루케 마코토, 『책장의 정석』(최미혜 옮김, 비전코리아, 2015)

직접 만든 맞춤형 서가

지금까지 꽤 많은 서가를 직접 만들었습니다. 공간을 잘 활용할 수 있는 완벽한 서가를 만들려는 꿈은 아직 멀지만 최대한 저렴한 비용으로 빈 공간 없이 튼튼한 서가를 만드는 법에 대해선 감을 잡았습니다.

가격이 저렴하고 연성이라 가공하기도 쉬운 스프러스 spruce 판재를 사용하는 것이 가장 편리했습니다. 물론 비용을 더 들여 고급 목재를 쓴다면 더 훌륭한 서가를 가질 수 있겠죠. 가장 좋은 방법은 서재 공간을 어떻게 활용할지 처음부터 꼼꼼하게 계획을 세우고 전문가에게 맡겨 고급 목재로 서가를 제작하는 겁니다. 어려움을 무릅쓰고라도 직접 만들겠다면 제 경험이 도움이 될 수도 있을 겁니다. 직접 제작하지 않더라도 기성품을 구입할 때 다음 내용을 읽어 보면 서가의 알맞은 높이나 여러 가지 고려해야 할 일을 미리 짐작할 수 있을 겁니다. 집 거실에 둘 서가를 제작하며 기록한 글입니다.

공방에서 스프러스 판재(두께 19밀리미터, 폭 240밀리미터)로 높이 212센티미터(수평 조절발 약 2센티미터 포함), 폭 80센티미터, 깊이 24센티미터짜리 8단 서가 4개를 만들었다. 맨 아래 칸에는 서랍을 넣었다. 거실과 방에 넣을 서가라 콘센트나 전등 스위치 위치를 미리 염두에 두고 뒤판을 붙여야 한다. 약간의 차이는 있겠지만 콘센트는 바닥에서 약 35센티미터, 전등 스위치는 120센티미터 내외 높이에 있다. 서가를 어쩔 수 없이 콘센트나 전등 스위치 앞에 두어야 할 경우라면 이 자리를 비워 둬야 한다. 수량이 가장 많은 단행본 판형(신국판)이 세로 22센티미터 내외이기 때문에 한 칸 높이(내측)가 24센티미터인 8단 서가를 제작했다. 그 크기를 벗어나는 판형은 눕히거나 다른 서가에 꼽는 걸로. 헌책방이나 도서 대여점에 가 보면 서가 한 칸의 높이가 대부분 24-25센티미터다. 효율적으로 많은 책을 꽂아 두기 위해 최적화된 높이이다.

가구 회사에서 제작한 서가는 책 높이에 맞게 선반을 조절해도 책과 윗선반 사이에 공간이 애매하게 남는다. 7단이나 8단으로 만들면 남는 부분이 없을 텐데 키가 훌쩍 높은 서가라도 대부분 6단이다. 이래선 책을 많이 꽂을 수가 없다. 집에서 쓰기에 가장 알맞은 서가는 전체 높이 205센티미터, 폭

80센티미터, 아랫단 높이를 30센티미터로 맞춘 다음 나머지를 6단으로 나누는 것이다. 이렇게 총 7단 서가를 만들면 다양한 판형의 책을 보관할 수 있을 듯하다. 높이가 205센티미터인 이유는 내가 사는 아파트의 승강기 출입문 높이가 210센티미터기 때문이다. 보통 아파트의 천장 높이는 230센티미터이므로 전체 높이가 205센티미터면 서가 윗부분에 책을 더 꽂을 수 있다. 책이 쓰러지지 않도록 북엔드를 활용하면 된다. 스프러스 판재의 경우 폭을 80센티미터 이상으로 만들면 책의 무게 때문에 휘어질 수도 있을 듯. 시중에서 구입할 수 있는 책상의 폭이 60-80센티미터이기 때문에 80센티미터 책상을 구입하면 그 옆에 안성맞춤으로 세울 수도 있겠다. 만약 책상 옆에 책꽂이를 둔다면 책상의 일반적인 높이가 70센티미터 내외이기 때문에 서가의 중간 선반을 그 높이로 맞출 필요가 있다.

이렇게 만든 서가를 거실 벽에 나란히 세우고 빼곡하게 책을 꽂을 때 얼마나 기분이 좋았는지 모릅니다. 언제나 '심플 라이프'를 지향하는 아내의 불만은 한 귀로 듣고 한 귀로 흘렸습니다. 이 서가를 만들 때만 해도 책을 둘 공간이 거실밖에 없었습니다. 따로 서재가 없던 시절이었으니까요. 지금은 거실 풍경이 완전히 달라졌습니다. 아내가 원하던 대로 모든 책은 제 구석방과 책방으로 흩어졌습니다. 거실은 아내의 바람대로 소파와 테이블, 텔레비전만 있는 단출한 공간으로 거듭났습니다.

벽돌 서가

벽돌과 합판으로 만든 만화책 서가.

단골 액자 가게에서 두께 18밀리미터, 크기 2,400×900 밀리미터 미송 합판 2장을 재단비를 포함해 12만 원에 구입하고 근처 벽돌 공장에서 벽돌을 1장당 약 200원에 샀습니다. 재료비 합계는 14만 원. 벽돌 서가를 만들려고 한 이유는 서재로 쓸 공간이 천장이 낮은 다락방이라서 기성품 서가를 넣기가 쉽지 않았기 때문입니다. 벽돌 서가는 고정하기가 어렵기 때문에 4단 정도의 낮은 서가를 만들 때 유용합니다. 더 높이 쌓으면 위험할 수도 있습니다.

미송 합판 2장을 각각 1,200×220밀리미터 크기로 자르면 선반용 합판 16장이 나옵니다. 이 선반용 합판 16장과 벽돌 100장(20장 정도 남았습니다)으로 3단짜리 서가 여러 개를 만들었는데 가격 대비 활용도가 최고였습니다. 다락방으로 연결된 좁은 계단을 통해 벽돌과 합판을 옮기고 무게 중심을 맞춰 쌓는 것이 꽤 고된 일이었지만 기성품 서가보다 훨씬 효율적으로 많은 책을 꽂을 수 있었습니다.

붉은 벽돌보다 합판 색깔과 비슷한 색의 벽돌을 사용하는 것이 튀지 않고 무난하더군요. 인터넷으로 벽돌 서가를 검색하면 붉은 벽돌로 만든 분이 많은데 합판과 가장 가까운 색의 벽돌을 추천합니다. 그리고 값은 비싸지만 일반 벽돌보다는 표면이 매끈하고 가루가 많이 떨어지지 않는 내화 벽돌이 더 좋더군요. 만약 합판이 붉거나 어두운 색이라면 붉은 벽돌이 어울리겠군요. 합판, 벽돌, 벽지, 바닥재 색깔까지 감안해서 벽돌 서가를 만드는 것이 좋을 듯합니다.

완성하고 계산해 보니 1,200밀리미터×16개=1만 9,200

밀리미터, 약 20미터 가까이 책 꽂을 자리가 나왔습니다. 사진 속 서가에는 주로 만화책만 꽂아 두었는데 300권 정도 보관할 수 있었습니다. 상단까지 모두 사용한다면 400권 정도는 무난하게 정리할 수 있는 공간이 나오더군요.

두께 18밀리미터짜리 합판 위에 사진집 같은 무거운 책을 올리면 휘어질 가능성이 있으므로 벽돌 간격을 좁히는 게 좋습니다. 벽돌과 벽돌 사이의 간격은 80센티미터가 적당한 듯합니다. 아니면 아예 두꺼운 합판을 쓸 수도 있겠지만 비용이 더 들고 무게가 많이 나가 옮길 때 불편합니다.

여유가 되면 재단한 합판 표면을 사포로 곱게 갈아 주고 페인트를 칠하거나 바니시로 마무리하면 훨씬 태가 나겠죠. 하지만 그것까지 하려면 시간과 품이 많이 들기 때문에 생략했습니다. 대충 닦고 잔가시 일어난 곳만 사포로 정리한 다음 바로 쌓았습니다. 사용하는 데 불편하진 않았지만 바니시만 발라도 좋겠더군요.

벽돌 서가를 쌓을 때 가장 주의해야 할 점은 무게 중심이 앞으로 쏠리지 않도록 쌓는 겁니다. 5단 이상 쌓아 올릴 경우 무게 중심이 최대한 벽 쪽으로 가도록 쌓아야 합니다. 종이를 접어 벽돌 사이에 끼워 넣거나 얇은 합판을 사용하면 됩니다. 저는 벽돌 포장용 끈을 적당히 말아 사용했습니다.

벽돌 서가는 일반 서가보다 가격이 저렴할뿐더러 배치를 바꿀 때 아주 편리합니다. 공간을 많이 차지하지 않고 책도 많이 꽂을 수 있고, 필요 없을 때는 벽돌은 벽돌대로 합판은 합판대로 분리해 보관하면 됩니다. 높낮이도 자유롭게 조절할 수 있으니 책 이외의 물건을 정리할 때도 아주 편리합니다.

철제 경량랙 혹은 앵글랙 서가

현재 제 서재에 있는 책 중 3분의 2는 책상 왼쪽 검은색 경량랙 서가에 꽂혀 있습니다. 처음에는 직접 서가를 만들까 고민했지만 나중에 이사하거나 옮길 때를 대비해서 경량랙으로 벽을 채웠습니다.

경량랙의 장점은 철제라서 책을 아무리 많이 쌓아도 선반이 휘어질 걱정은 하지 않아도 된다는 겁니다. 제조 회사(도디스)에서 선반 하나당 버틸 수 있는 무게가 150킬로그램이라고 하니 책을 많이 쌓아도 문제가 없겠죠. 또 다른 장점은 서가를 옮길 때 손쉽게 분리된다는 겁니다. 나무로 만든 서가는 그 부피 때문에 옮길 때마다 얼마나 불편한지요. 경량랙은 조립도 편리합니다. 필요하면 추가로 기둥과 선반을 구입해 기존에 설치한 서가에 연결할 수도 있습니다. 선반의 높낮이 조절도 어렵지 않습니다.

물론 단점도 있습니다. 시중에 판매하는 경량랙의 색상은 검은색과 아이보리색뿐입니다. 저는 어두운 벽지 색에 맞춰 검은색을 주문했는데 먼지 내려앉은 게 눈에 너무 잘 보이더군요. 만약 다시 주문할 수 있다면 밝은 아이보리색으로 하고 싶습니다.

요즘 새로 생긴 동네 책방에 가 보면 경량랙이나 앵글랙 서가를 많이 사용하고 있더군요. 비용도 책을 꽂을 수 있는 양으로 따진다면 벽돌 서가 다음으로 저렴한 듯합니다.

이케아 빌리 또는 가구 회사

이케아에서 가장 많이 팔리는 서가는 '빌리' 시리즈입니다. 이 시리즈에는 여러 가지 형태의 선반과 부속품이 있는데 대부분 서로 호환이 가능합니다. 이케아 홈페이지(www.ikea.com)에서 '빌리'로 검색하면 관련 제품을 볼 수 있습니다. 유리문을 달거나 선반을 추가할 수도 있죠. 책을 최대한 많이 보관할 수 있도록 기능과 디자인을 최적화한 서가인 듯합니다. 서가를 위한 자금의 여유가 없다면 경량랙을, 여유가 있다면 이케아 빌리를 추천하겠습니다. 만약 서가를 직접 제작한다면 이케아 빌리의 규격을 참고하는 것도 좋습니다. 어떤 주거 형태에도 알맞게 제작된 가구이니 참고하면 실수를 줄일 수 있겠지요.

이동식 서가

책이 넘쳐서 서가 앞까지 쌓아 놓아야 한다면 이동식 서가가 마지막 방법입니다. 도서 대여점이나 만화 카페에서 흔히 볼 수 있는 이중 슬라이딩 서가도 이동식 서가의 한 종류입니다. 이중으로 설치된 서가의 앞쪽 서가를 좌우로 움직이며 책을 꽂거나 꺼낼 수 있는 서가지요. 지금은 사라진 신촌 '우리 동네 책방'에는 3중 슬라이딩 서가도 있었습니다.

모든 여건이 허락한다면, 그러니까 책과 공간과 돈이 모두 충족된다면 도서관 장서고나 문서 보관소처럼 모빌 랙 Mobile Rack 서가를 설치하는 것도 방법이겠지요. 모빌 랙을 설치한다면 이사는 더 이상 불가능할 수도 있겠네요.

다치바나 다카시는 서재 지하에 이동식 철제 경량랙 서가를 8개나 만들어 세워 놓았다고 합니다. 저렴한 경량랙 서가에 바퀴를 달고 그 아래 레일을 놓을 수만 있다면 훨씬 적은 비용으로 이동식 서가를 제작할 수 있겠더군요. 더는 책을 둘 공간이 없어 포화 상태가 되었을 때 한번 도전해 보겠습니다. 그런 날이 올지 모르겠지만요.

책
정리하는 법

독서로 인해 길을 잃지 않는다 해도, 독서에 빠져 헤어나지 못할 수도 있다. 서지 작업이 그러한 경우다. 한 주제와 관련된 모든 책들을 찾아보기, 그 출처로 거슬러 오르기, 어떤 이론의 주변을 샅샅이 뒤지기, 그것들 사이의 관계 밝히기, 참고 서적의 목록을 쌓아 올리기……. 이런 일들이 바로, 무슨 자격 취득 따위에 응모하는 자들이 채우려 하는 다나이드의 밑 빠진 독이다.◆

프랑스의 철학자이자 작가 장 그르니에는『일상적인 삶』에서 독서와 서지 작업을 '다나이드의 밑 빠진 독'이라고 정의했습니다. 다나이드는 그리스 신화에 나오는 다나우스 왕의 딸들을 말합니다. 모두 쉰 명이나 되죠. 자신이 사위에게 죽임을 당한다는 신탁을 받은 다나우스는 혼례를 치른 딸들에게 첫날밤을 보낸 후 남편을 죽이라 명합니다. 단 한 명을 제외하고 마흔아홉 명의 딸들은 아버지의 명령을 실행에 옮깁니다. 남편을 살해한 다나이드들은 지옥에 떨어져

◆ 장 그르니에,『일상적인 삶』(김용기 옮김, 민음사, 2001)

밑 빠진 독에 물을 채우는 형벌을 받습니다.

　장 그르니에는 책을 가까이 하는 자들의 속성을 '다나이드의 밑 빠진 독'에 비유했습니다. '무슨 자격 취득 따위에 응모하는 자들'이 아니더라도 책을 좋아하고, 끊임없이 책을 산다면 어떤 방식으로든 서지 작업을 할 수밖에 없습니다. 서지書誌, bibliography의 사전 뜻은 "책이나 문서의 형식이나 체제, 성립, 전래 따위에 관한 사실. 또는 그것을 기술한 것"입니다. 아무리 작은 책이라도 나오기까지 수많은 과정을 거쳤을 테고, 다양한 경로로 전해졌을 겁니다. 공개된 혹은 숨은 조력자도 있겠죠. 예컨대 참고 도서나 저자에게 조언을 해 준 주변 사람들 같은. 한 권의 책에서 시작된 의문과 집착이 다음 책으로 꼬리에 꼬리를 뭅니다. 그 의문과 집착이 강할수록 내 곁에 쌓이는 책도 늘어나겠죠.

　도서관이나 대형 서점이 다나이드의 아주 거대한 밑 빠진 독이라면 동네 책방이나 서재는 작은 항아리쯤 될까요. 하지만 항아리라 해도 밑이 빠진 건 똑같아서 끊임없이 정리해야 한다는 사실은 변함없습니다. 처음 헌책방을 시작했을 땐 꽤 의욕을 가지고 책을 분류하려고 노력했습니다. '분류'가 아니라 '노력'에 방점을 찍고 싶군요. 하지만 이런 노력이 밑 빠진 독에 물 붓기라는 사실을 깨닫는 데는 그리 오래 걸리지 않았습니다. 적절한 비유인지는 모르겠으나 인해전술로 밀려오는 적에 맞서 홀로 고지를 지키는 병사의 심정과 비슷했습니다. 절제를 잃는 순간 순식간에 균형이 깨지고 빈 공간이 사라졌습니다. 어떻게든 여백을 두고 쾌적한 공간을 만들려는 노력은 밀려드는 책들 때문에 빛을 보지 못했습니다.

완벽하게 정리된 책방을 유지하겠다는 생각은 이상에 가깝더군요. 생각할 수 있는 분류법을 죄다 동원해서 책을 정리해 보았지만, 지금은 전선을 이탈한 패잔병 신세에 가까운 듯합니다. 어쨌거나 실패도 이야깃거리가 될 수 있겠죠. 마음은 시오카와 시오리코의 '비블리아 고서당'◆을 꿈꾸지만 현실은 버나드 블랙의 '블랙 북스'◆◆와 비슷하군요.

헨리 페트로스키는 『서가에 꽂힌 책』 부록에 '서가의 책 정리' 방법을 25가지로 정리했습니다. 예를 들면 (1) 저자의 성 알파벳 순서에 따라 (2) 제목 순서에 따라 (3) 주제에 따라 (4) 크기에 따라 (5) 수평으로 쌓아서 (6) 색깔에 따라…… 이런 식이죠. 그의 책 정리 방법과 앞으로 소개할 방법을 비교한다면 특별히 다른 점은 없습니다. 순서가 약간 다를 뿐이고, 저의 경험에 무게를 더 실었을 뿐입니다.

그가 이야기한 책 정리법은 장서가라면 이미 경험했거나

◆ 미카미 엔의 소설 『비블리아 고서당 사건수첩』(디앤씨미디어)의 배경이 되는 서점. 드라마에 깔끔하게 정리된 모습으로 나온다.
◆◆ 영국 코미디 시트콤에 나오는 작은 헌책방. 청소나 정리 따위 신경 쓰지 않는 괴짜 책방지기 버나드 블랙이 운영한다.

예측 가능합니다. 가장 기억에 남는 건 21번째 "훨씬 더 신비한 배열 기준"을 따르는 정리법으로 이 기준의 목적은 다른 이가 책의 배열 기준을 짐작하지 못하도록 하는 겁니다. 예를 들면 책 제목의 알파벳순이 아니라 부제의 알파벳순으로 정리한다든지, 색인의 마지막 단어의 알파벳 역순에 따라 배열한다든지 복잡한 기준을 정하는 것이죠. 재밌지만 따라 하기엔 어려울 듯합니다. 일반적인 방법이 효율이 높지 않을까요.

십진분류법 또는 분야별로 정리하기

　고대 그리스의 학자 칼리마코스는 알렉산드리아 도서관의 사서로 일하면서 그리스 문학을 정리한 세계 최초의 도서 목록 『피나케스』를 만들었다고 합니다. 고대 알렉산드리아 도서관은 프톨레마이오스 1세의 명으로 기원전 3세기경에 세워졌습니다. 도서관이 만들어지는 데는 아리스토텔레스의 제자 데메트리오스의 역할이 컸죠. 왕의 전폭적인 지원을 받은 그는 도서관을 채우기 위해 노력을 기울입니다. 많은 비용을 들여 책을 구해 오고 알렉산드리아항으로 들어오는 배를 조사해 도서관에 필요한 책이 있으면 필경사를 시켜 사본을 만들었습니다. 책의 정리와 분류는 어쩌면 알렉산드리아 도서관에서 시작되지 않았을까요.

　도서관의 역사는 오래되었으나 체계적인 분류법이 등장한 것은 얼마 안 됩니다. 물론 도서관마다 나름의 분류법이 있었겠지만 1876년 애머스트대학교 도서관에서 일하던 멜빌 듀이가 십진분류법을 만들면서 체계적인 분류가 시작되었습니다. 듀이 십진분류법은 오랜 시간을 거쳐 확장과 수

정을 거듭했고, 2011년에 제23판이 나왔습니다. 이 분류법은 000 총류, 100 철학/심리학, 200 종교, 300 사회 과학, 400 언어, 500 과학, 600 기술, 700 예술, 800 문학, 900 역사/지리, 크게 열 가지로 나뉘고 여기에 다시 열 가지 하위분류가 있습니다.

한국도 듀이 십진분류법을 바탕으로 1964년부터 한국십진분류법을 만들어 시행하고 있습니다. 한국십진분류법은 듀이 십진분류법과 차례만 다를 뿐 한국의 환경에 맞게 조정된 것을 제외하면 거의 비슷합니다. 예컨대 '810 한국문학'은 다른 국가의 십진분류법에선 찾아볼 수 없겠죠.

책 뒤표지에 인쇄된 부가기호 맨 마지막 세 자리를 보면 십진분류법에 따라 어느 분야에 속하는지 짐작할 수 있습니다. 앞에 소개한 장 그르니에의 『일상적인 삶』의 부가기호 맨 끝자리는 '860'입니다. 십진분류법에 따르면 '860'은 프랑스문학이죠. 앞자리 '8'은 주제, 두 번째 '6'은 세부 분야를 가리키고, 마지막 '0'은 예비 번호입니다. 2016년에 출간된 소설 『82년생 김지영』(민음사)의 부가기호 맨 마지막 세 자리는 '810'입니다. '8'은 문학, '1'은 한국문학이지요.

한국 십진분류표는 인터넷에서 쉽게 구할 수 있습니다. 출력해서 서재 한쪽에 붙여 놓고 활용할 수도 있겠죠. 열 가지 유형만이라도 숙지한다면 책을 분야별로 쉽게 정리할 수 있습니다. 정리해야 할 책이 어느 분야에 속하는지 알 수 없다면 고민을 최소화할 수 있는 방법이겠지요.

작가별로 정리하기

　작가별 분류도 많이 사용하리라 생각합니다. 저는 주로 만화책을 분류할 때 이 방법을 사용합니다. 먼저 만화책과 그래픽노블을 따로 모은 뒤 박건웅, 다니구치 지로, 마츠모토 타이요 등 작가별로 분류해서 서가에 꽂아 두었습니다. 이렇게 정리하다 보면 자연스레 작가들의 최신작을 찾게 됩니다. 2017년에 세상을 떠난 다니구치 지로의 작품은 더 이상 나오지 않겠지만 국내에 번역된 책을 여유가 생기는 대로 한 권씩 사 모으다 보면 언젠가 모든 작품을 한 서가에 둘 수 있겠지요.

　만화책 이외에 특별히 따로 정리하는 작가는 이태준, 호시 신이치, 오에 겐자부로, 버트런드 러셀입니다. 이태준 선생의 책은 그리 많지 않습니다. 『문장강화』(창비), 『해방 전후』(창비), 『해방 전후 외』(두산동아), 『무서록』(범우사), 『책만은 책보다 冊으로 쓰고 싶다』(예옥)가 거의 전부입니다. 『문장강화』의 경우 '창비교양문고' 시리즈로 나온 책과 나중에 개정판으로 나온 책을 가지고 있습니다. 초단편 SF 소설로 유명한 호시 신이치의 '플라시보 시리즈'(지식여행)는 한국에서 절판되고 나서야 알게 된 작품입니다. 현재 33권 중 14권을 모았습니다. 모은 책 중 일부는 고속도로 휴게소 할인 매대에서 구입했지요. 오래전 고려원에서 펴낸 오에 겐자부로 소설 전집은 그의 팬이라면 욕심낼 만한 책입니다. 원래는 고려원에서 24권짜리 전집을 내려고 했지만 부도가 나면서 15권만 출간되었습니다. 저는 그중 10권을 구했지만 이사하면서 책이 든 보퉁이를 잃어버린 아픈 기억이 있습니다. 철학자이자 수학자였던 버트런드 러셀은 평생 40여 권이 넘는 책을 썼습니다. 국내에도 철학서뿐 아니라 에세이부터 소설까지 다양한 분야의 책이 번역되어 나왔죠. 러셀과 관련된 책, 그가 직접 쓰지 않았더라도 그의 삶을 들여다볼 수 있는 책도 그가 쓴 책과 함께 둡니다. 예를 들면 배리 파인버그가 그의 편지를 모아 엮은 『러셀 인생론』(범우사), 수학자로서의 삶을 만화로 옮긴 『로지코믹스』(랜덤하우스)같은 책이죠.

출판사별로 정리하기

까치, 눈빛, 민음사, 창비, 문학과지성사……. 특별한 이유는 없지만 서재에 많이 보이는 책을 낸 출판사입니다. 책을 구입할 때 어느 출판사에서 나왔는지는 중요한 선택 기준이 되기도 하죠. 물론 어떤 출판사에서 나온 모든 책이 다 좋다고는 할 수 없습니다. 앞에 언급한 출판사의 책이 제 서재에 많은 건 우연일 수도 있고요. 어쨌거나 출판사별로 정리할 수밖에 없는 책들이 있습니다. 특히 까치나 눈빛에서 나온 책들이 그렇죠.

까치에서 나온 책 가운데 특히 '까치글방' 시리즈는 따로 보관하게 됩니다. 이 시리즈의 디자인은 묘하게 다른 책과 뒤섞이지 않습니다. 투박하지만 정보 전달이라는 책 본연의 기능에 충실하다고 생각합니다. 저는 화려하고 과한 장정보다는 담백한 맛이 있는 쪽에 더 마음이 갑니다. 열화당과 학고재의 옛 책들에도 그런 분위기가 있습니다.

최근 가장 마음이 기우는 출판사는 프로파간다입니다. 이 출판사에서 나오는 책에는 독특한 오라가 있어 꾸준히 사서 읽게 됩니다.

　시집을 제외하고 단일 출판사의 책으로 따지면 눈빛의 책을 가장 많이 가지고 있지 않나 싶습니다. 최소 50권 이상은 될 듯합니다. 사진을 좋아하기도 하고 관심도 많은지라 눈빛뿐 아니라 안목 출판사의 신간도 눈여겨봅니다. 출판 시장에서 베스트셀러에 연연하지 않고 한 분야에 집중해 오랜 세월을 버티는 것이 얼마나 어려운 일인지 알기에 박수를 보낼 수밖에 없습니다. 다음 글은 눈빛에서 나온 사진집들을 정리하며 2009년에 쓴 글입니다.

　한국 출판사 가운데 사진책 전문 출판사를 꼽는다면 눈빛 출판사가 거의 유일하다. 사진책에 대한 관심이 예나 지금이나 별로 없는 한국 출판 시장에서 22년 동안 우직하게 사진책만 내 왔다는 것은 정말 대단하고 존경스러운 일이다. 지금까지 낸 200권이 넘는 사진집 가운데 4쇄까지 찍은 사진집은 이경모 선생님의 『격동기의 현장』이 유일하고, 언론의 조명을 숱하게 받은 눈빛 출판사의 첫 사진집 크리스 마커의 『북녘 사람들』도 초판을 파는 데 2년이 넘게 걸렸단다. 글을 읽는 분께 부탁드리고 싶은 것은 장비에 투자할 여유를 책에도 조금만 투자해 달라는 것이다. 눈빛 출판사처럼 한길을 걷고 있는

곳을 위한다면 좋은 장비만 찾을 것이 아니라 좋은 사진집이
나 사진책에도 지갑을 열어야 한다.

판형별로 정리하기

판형이 너무 커서 서가에 꽂을 수 없거나, 너무 작아 잘 보이지 않는 책은 따로 분류합니다. 사실 이런 책은 장서가에겐 골칫거리죠. 삐죽 튀어나오거나 어디에 숨었는지 알 길이 없는 책들을 보노라면 독재자가 되어 세상의 모든 책을 한 가지 판형(가능하면 조그만 문고판)으로 만들도록 하고 싶은 심정입니다. 독립출판물 중에 그런 책이 많은지라 독립출판물은 판형을 따지지 않고 따로 보관합니다.

서재에서 판형이 가장 큰 책은 잡지 『라이프』입니다. 경영난을 견디지 못하고 2007년에 폐간했죠. 1969년 6월 9일 자와 8월 4일 자 딱 두 권을 가지고 있습니다. 아폴로 10호와 11호 화보를 보고 반해서 일본의 헌책방에서 사 왔습니다. 그런데 어느 서가에도 꽂기 힘든 크기라 보관하기가 여간 까다로운 것이 아닙니다. 세로가 무려 33.4센티미터나 됩니다. 서가 한 칸의 높이가 30센티미터를 넘지 않으니 애물단지가 될 수밖에 없죠. 결국 봉투에 넣어 눕혀서 보관 중입니다.

가장 작은 책은 장윤미 작가의 『아자씨의 냉면 여행』(소시민워크)입니다. 대머리 아저씨가 옷을 홀러덩 벗고 냉면에 빠지는 페이퍼 애니메이션 작품이 실려 있습니다. 이 책은 손바닥 반만 한 크기라 어디론가 사라져 버리기 딱 좋기 때문에 항상 잘 보이도록 서가 앞에 세워 둡니다.

아주 특이한 판형의 책도 있습니다. 기묘나 작가의 『즐거운 산책』(호랑이출판사)입니다. 세로가 10센티미터, 가로가 28센티미터죠. 이런 책을 만나면 어떻게 자리를 찾아 줘야 할지 고민이 큽니다.

시리즈별로 정리하기

시리즈별로 정리할 수밖에 없는 책을 꼽으라면 첫 번째가 '민음사 세계문학전집'입니다. 세계문학전집은 다른 출판사에서도 나오지만 민음사가 시장을 선점하고 독자를 확보한 덕분에 먼저 스테디셀러로 자리 잡았습니다. 한번 시작하면 어떻게든 짝을 맞춰 수집해야 하는 고질痼疾이 있는지라 다른 출판사의 번역이 낫다는 평이 있어도 쉽게 옮길 수가 없더군요. 그리고 워낙 많이 팔린 탓에 헌책방 어디서나 구하기 쉽다는 장점도 있습니다. '민음사 세계문학전집' 외에 범우사의 '범우문고 시리즈'도 포함해야겠습니다. 특정 브랜드만 파고드는 매거진 『B』도 있군요. 넓은 의미에선 잡지도 시리즈라고 할 수 있죠. 가장 공을 들여 수집하는 건 호시 신이치의 '플라시보 시리즈'입니다. 초단편 작품을 모은 '플라시보 시리즈'는 지식여행에서 총 33권이 출간되었지만 책을 구하기가 어렵습니다. 중고 서점에서도 꽤 비싼 값에 팔리죠. 시리즈의 경우 번호가 붙은 순서대로 왼쪽에서 오른쪽으로 정리하는 건 기본입니다.

지역별로 정리하기

　주로 역사책을 지역별로 정리합니다. 제목에 지역명이 나오니 어려움이 없습니다. 이런 식이죠. 존 줄리어스 노리치의 『지중해 5,000년의 문명사』(뿌리와이파리) 좌우로 시오노 나나미의 『로마멸망 이후의 지중해 세계』(한길사), 야코프 부르크하르트의 『이탈리아 르네상스의 문화』(푸른숲)를 두는 식입니다. 이 책들 가까이에 중동 지역, 이슬람과 유대 문명을 다룬 아이작 아시모프의 『아시모프의 바이블』(들녘)과 정수일 선생님의 『이슬람 문명』(창비)을, 조금 더 떨어진 곳에 버나드 로 몽고메리의 『전쟁의 역사』(책세상)와 폴 존슨의 세 권짜리 『유대인의 역사』(살림)를 둡니다. 이렇게 정리하다 보면 끝이 없는 게 사실입니다. 서가가 부족할 뿐이죠.

관심사별로 정리하기

현재 가장 관심 있는 분야는 '오토바이'와 '그림' 그리고 '범죄와 살인'입니다. 관심 분야의 책은 모두 한 서가에 모아 둡니다. 그림과 관련된 책은 예술 분야가 아닌 그리기에 관한 실용서가 대부분입니다. 예술에 대한 지식보다 어떻게 하면 잘 그릴지를 다루는 기술이 궁금해서 자꾸 책을 삽니다. '범죄와 살인'에 관한 책은 좋아하는 장르소설을 좀 더 깊이 읽기 위해 집중해서 읽는 편입니다. 오토바이는 책을 제외하곤 가장 사랑하는 물건이라 어쩔 수 없군요.

책 때문에 오해를 받는 경우도 있습니다. 특히 『연쇄 살인범 파일』(휴먼앤북스), 『현대 살인백과』(범우사), 『살인의 역사』(개마고원), 『연쇄살인범의 고백』(알마)을 같이 두면 오해를 받을 만하죠. 언젠가 아이가 묻더군요. "아빠, 왜 사람 죽이는 이런 책을 읽어?" 그때는 얼렁뚱땅 넘겼지만 아이는 이제 훌쩍 자라 헤르만 헤세의 격언을 이해할 나이가 되었습니다.

밝음을 이해하려는 자는 어둠을 알아야 한다.

비슷한 색깔별로 정리하기

딱히 설득력 있는 이유는 찾을 수 없지만 한 서가에 뒤죽박죽 책이 섞여 있으면 표지의 색깔이 비슷한 책끼리 묶어 주고 싶을 때가 있습니다. 예를 들면 『오늘이 마지막은 아닐 거야』(마음의숲)와 『북유럽 반할지도』(해변에서랄랄라), 『모터사이클로 유라시아』(미메시스), 『그 남자의 모터사이클』(세미콜론)을 나란히 두면 노란색이 어우러져 한 묶음처럼 보입니다. 『연필의 101가지 사용법』(심플라이프), 『연필 깎기의 정석』(프로파간다), 『만년필입니다!』(엘빅미디어)와 『필사의 기초』(유유) 역시 노란색 책이라 함께 꽂아 둡니다.

읽은(혹은 읽을) 순서대로 정리하기

   최근에 구입하거나 선물받은 책은 바로 서가에 꽂지 않고 가장 가까운 곳에 쌓아 둡니다. 열독하지는 못하더라도 훑어보기 전까지 그대로 두고 틈나는 대로 살펴봅니다. 읽는 속도가 빠른 편이 아니라 좀처럼 줄어들지 않는 게 문제죠. 바로 서가에 분류해서 꽂으면 웬만해서 다시 꺼내 읽기가 어렵더군요. 계속 책이 쌓이니까요. 쌓여 있는 책도 먼저 읽을 책과 나중에 읽을 책으로 구분할 때가 있습니다. 먼저 읽을 책은 손으로 바로 쥘 수 있도록 오른쪽 책상 위에 놓습니다.

정리하지 않기

아예 정리하지 않는 것도 정리의 기술이 될 수 있습니다. 언제나 무질서 속에서 질서가 잡히는 법이니까요. 그러다 더는 견딜 수 없을 때 정리하면 됩니다. 세상에 급한 일이 얼마나 있겠습니까. 도저히 정리할 수 없을 정도로 책이 많아 포기한 상태가 되어야 진정한 애서가로 거듭날 수 있다고 믿습니다. 물론 저는 아직 멀었습니다만. 끝으로 '애서광' 토머스 제퍼슨 피츠패트릭의 마지막을 묘사한 글을 『젠틀 매드니스』에서 옮깁니다.

1952년 3월 28일, 피츠패트릭은 84세 생일을 닷새 앞두고 자기 집 부엌에서 군용 간이침대에 누운 채 세상을 떠났다. '어지럽게 널려 있는 책과 종이 더미에 둘러싸여, 요리용 곤로 쪽을 향해 누운 채' 말이다. 그의 방대한 장서는 처분을 위해 서적 중개상에게 넘어갔다. 우연히 이 소식을 전해 들은 로버트 보스퍼는 그 광경을 직접 보고 싶어서 네브래스카로 향했다.

"집이 온통 책 천지였다. 열세 개의 방이 모두 책으로 가득했다. 탁자 아래도 빼곡히 책이 들어차 있고, 침대 위도 마찬가지였다. 방마다 복도마다 천장에 닿을 만큼 책꽂이들이 줄지어 서 있었는데, 책을 워낙 빽빽하게 꽂아 놓은 탓에 책꽂이가 금방이라도 터질 것 같았다. 물론 책꽂이만 있는 게 아니라 높이 쌓아 올린 책 무더기들이 방마다 가득해서 움직일 공간을 찾기 힘들 지경이었다. 책만 있었다면 오히려 다행이었을 것이다. 끈으로 묶어 놓은 각종 소책자며 잡지 뭉치도 만만치 않았다. 그 책꾼이 만들어 놓은 정글을 탐험하기 위해서는 조심스럽게 조금씩 발걸음을 옮겨야 했다."◆

◆N. A. 바스베인스, 『젠틀 매드니스』(표정훈 외 옮김, 뜨인돌, 2006)

책 목록을 어떻게 정리할까

　주체할 수 없을 정도로 책이 늘면 책 목록을 어떻게 정리할 수 있을까요. 여러 가지 방법을 써 보죠. 공책에 목록을 쓴다든가, 독서 카드를 만든다든가, 일련번호를 매긴다든가…… '주체할 수 없을 정도'에 대한 기준은 사람마다 다르겠지요. 어쨌거나 어느 수준 이상 책이 늘면 이런 방법조차 통하지 않습니다. 만약 공책에 자신이 구입한 책과 짧은 서평을 쓰고 오랜 세월 꾸준히 정리할 수 있다면 그 자체로 훌륭한 '책'이 될 수 있을 겁니다. 한때 이 방식으로 책을 정리해 보기도 했는데, 꾸준히 한다는 게 불가능한 일이더군요. 품이 많이 들기도 하고, 읽는 책보다 사들이는 책이 많으니 수기로 정리하는 방식은 별 의미가 없다 싶어 포기하고 말았습니다.

　어떤 방식으로든 목록을 만들고 정리해야겠다는 욕심은 있지만 '목록과 정리'에서 전제 조건은 '위치'입니다. 도서관 서가와 같은 개념이죠. 책이 어느 서가 어느 위치에 꽂혀 있다는 사실을 알 수 있어야 정확하게 정리했다고 할 수 있습니다. 그러려면 오랫동안 움직이지 않을 서재를 갖는 수밖에 방법이 없습니다. 책은 이사를 할 때마다 뒤섞이니까요.

결국 한 발 양보해 최소한 어떤 책이 있는지만이라도 파악할 수 있도록 정리하자고 마음을 먹었습니다. 한동안 블로그에 책 목록을 정리하고 수정했죠. 하지만 이것도 책이 많으니 만만치가 않았습니다. 나중에는 주로 책을 구입하는 온라인 서점의 '보관함', '찜하기' 기능을 사용했습니다. 온라인 서점의 데이터베이스를 가져와 목록을 정리할 수 있고 엑셀 파일로도 저장할 수 있어서 편리했습니다. 하지만 이것도 단점이 있더군요. 헌책방이나 일반 서점에서 책을 구입했을 때 오래되거나 국제표준도서번호가 찍히지 않은 책은 목록으로 정리할 방법이 없었습니다.

네이버의 '내 서재'◆ 기능을 잠시 이용하기도 했지만 이것 또한 온라인 서점의 기능과 거의 비슷하기 때문에 무엇이 더 낫다고 말하기 힘듭니다. 기껏 자신만의 목록을 만들었는데 서비스를 종료한다면 난감할 수도 있겠죠.

현재 가장 추천하고 싶은 방법은 스마트폰 애플리케이션 '비블리'◆◆를 이용하는 겁니다. 청주 '꿈꾸는 책방'의 정도선 점장이 알려 준 애플리케이션입니다. 이보다 더 편리하

◆ 2018년 2월에 서비스 종료.

◆◆ http://bibly.kr 현재 안드로이드에서만 사용 가능하고, ios 버전은 준비 중이다.

게 책 목록을 만드는 방법은 없을 거라고 하더군요. 사실이었습니다. 서가에 꽂힌 책을 찍으면 어떤 책이 있는지 알아서 목록을 만들어 주니 지금까지 사용하던 방식은 구닥다리처럼 느껴지더군요. 사용자가 책 목록을 세분화해서 정리할 수도 있습니다. 예를 들면 소장 책, 읽은 책, 관심 책, 찾는 책 등으로 나누어서요. 소장하고 있는 책에 대한 다른 사람의 평가뿐 아니라 어떤 이가 이 책을 가졌는지 알려 줍니다. 서재 사진을 공유하거나 독서 노트를 남길 수도 있습니다. 다른 사람의 '서재'를 구독할 수도 있죠. 사용법도 직관적이고 간단해서 홈페이지에서 한 번만 살펴보면 쉽게 사용할 수 있습니다. 지금도 훌륭하지만 절판된 책이나 독립출판물 등 아직 지원하지 않는 책을 꾸준히 업데이트하여 모자란 부분만 보완하면 완벽할 듯합니다.

여기에 더해서 제가 버리지 못하는 습관이 있습니다. 수첩에 구입할 책 목록을 적어 두는 버릇이지요. 시리즈 중 이가 빠진 책이나 사랑하는 작가의 절판된 책이나 헌책방에서 가져오지 못해 두고두고 후회한 책들은 수첩 한 귀퉁이에 흔적을 남겨 기억을 계속 되살립니다. '수첩 귀퉁이 책 목록'이라 할까요.

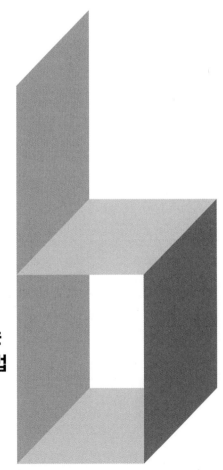

**책을 옮기는
몇 가지 방법**

책방 이사 3번, 결혼 후 집 이사 6번, 직장 때문에 여러 해 동안 홀로 이리저리 숙소를 구해 이사한 것까지 치면 2000년 이후 거의 매년 책 짐을 쌌습니다. 잡지사에서 일할 때는 승강기가 없는 건물 5층까지 매달 나오는 잡지를 들고 나르기도 했죠. 한때는 학원 교재 만드는 회사에서 일하며 참고서를 트럭에 가득 싣고 전국 학원으로 배달하기도 했습니다. 지금은 헌책방을 하는지라 여기저기 책을 구하러 다니죠. 이제 책을 옮기는 데 요령이 생기고 이력이 날 만도 한데 꼭 그렇지만은 않습니다. 책을 들고 나르는 일은 언제나 힘듭니다.

책의 무게는 얼마나 될까요. 판형이나 종이의 종류에 따라 다르겠지만 흔하게 볼 수 있는 국판(148×210밀리미터)은 300쪽 내외, 무선 제본 단행본이라면 보통 300-400그램입니다. 판형이 크고 두껍고 무거운 종이를 사용한 잡지나 그림책은 훨씬 무겁겠지요. 단행본만 따로 25권을 묶으면 10킬로그램 가량이 됩니다. 30권이면 12킬로그램, 2리터

생수 6개들이 한 묶음과 비슷한 무게지요. 단행본은 크기가 작아서 그나마 나은 편이고 백과사전이나 그림책, 잡지는 그야말로 돌덩이를 옮기는 느낌입니다.

헌책방에 책을 팔고 싶다고 연락하는 분 중 열에 아홉은 철 지난 아이들 그림책 전질과 백과사전을 처분하고 싶어 합니다. 그런 분은 자신에게 필요 없는 책은 헌책방에서도 푸대접밖에 받지 못한다는 사실을 잘 모릅니다. 값을 그것밖에 쳐 주지 않느냐고 할 때면 얼마나 곤란한지요.

어쨌거나 지금 책방에는 오랫동안 팔리지 않은 깨끗한 『브리태니커 백과사전』과 『한국민족문화대백과사전』이 각각 두 질이나 있습니다. 가끔 백과사전을 팔고 싶다는 연락을 받곤 합니다. 그럼 백과사전이나 어린이 전질 말고 인문, 예술 관련 책이 있는지 여쭤봅니다. 백과사전만 팔고 싶다고 하면 정중하게 거절할 수밖에 없죠.

그럼 책을 옮길 때 어떤 방법과 도구를 쓰는 게 가장 편한지 제 경험에 비춰 알려 드리겠습니다. 책을 옮길 때는 종이 상자보다 공단 보자기를 이용하는 편이 훨씬 낫습니다.

공단 보자기

저는 책을 옮길 때 아주 고전적인 방법인 보자기를 사용합니다. 책방 이사를 할 때도 자동밴딩기를 빌릴 수 없을 때 보자기를 사용했죠. 보자기 100장이 있으면 책을 2,500권쯤 쌀 수 있습니다. 85×85센티미터 보자기에 단행본을 25권쯤 쌀 수 있으니까요. 25권이면 높이가 약 40-50센티미터, 성인 남성의 무릎쯤 올라옵니다. 살짝 허리를 굽혀 매듭 묶은 곳을 쥐면 옮기기 편하죠. 보자기 한 장에 약 10킬로그램의 책을 쌀 수 있으니 양손에 2개를 들면 균형이 잡혀 훨씬 수월하게 움직일 수 있습니다.

보자기는 가격도 저렴합니다. 재래시장의 수건 파는 가게에 가면 1장에 500원 내외에 구할 수 있습니다. 인터넷 쇼핑몰에서 '공단 보자기'로 검색해서 구입할 수도 있고요. 가능하면 짙은 색으로 구입하는 편이 때가 타지 않아 좋습니다.

잘 접어 압축팩에 보관하면 보자기 100장쯤은 웬만한 겨울 외투 부피만큼도 안 나옵니다. 책 2,500권을 상자에 넣는다 생각해 보세요. 그 상자는 어떻게 구할 것이며 크기가 제각각인 책을 상자에 넣는 것도 보통 일이 아닙니다. 이사가 끝나면 이 상자들은 폐기물이 될 뿐입니다.

보자기는 책이 어떤 모양이어도 상관없습니다. 책을 보자기에 싸서 매듭을 묶을 때는 책의 세로 방향(긴 변)을 먼저 매듭짓고 가로 방향(짧은 변)으로 마지막 매듭을 묶어야 합니다. 그래야 더 단단하게 보자기를 쌀 수 있죠. 이건 어머니께서 알려 주신 지혜입니다. 그리고 보자기를 쥘 때는 매듭 두 개를 모두 잡아야 합니다. 위쪽 매듭만 쥐면 풀리기 십상입니다.

이케아 프락타 장바구니

승강기가 있는 곳이라면 주로 이케아 쇼핑백(프락타 장바구니)을 사용합니다. 이케아 쇼핑백은 세로형인 36리터와 가로형인 71리터 두 종류가 있습니다. 둘 다 최대 하중이 25킬로그램입니다. 하지만 그보다 무게가 많이 나가도 괜찮더군요. 71리터에는 약 80권, 36리터엔 약 40권의 단행본을 너끈히 넣을 수 있습니다. 80권을 혼자서 한꺼번에 옮기기는 힘드니 접이식 카트도 준비하세요. 포장 이사가 아니라 직접 짐을 싸서 이사를 한다면 자신의 책이 얼마나 되는지 가늠해 보고 프락타 장바구니를 여러 개 구입해서 활용하면 좋습니다. 71리터보단 36리터 세로형을 추천하고 싶군요. 인터넷으로 1,000-2,000원에 판매하니 그리 비싼 값은 아닙니다.

꼭 프락타 장바구니가 아니더라도 요즘 대형 마트에선 질기고 보관하기 편하고 값이 저렴한 장바구니를 판매하니 그런 것도 괜찮겠지요. 처음엔 코스트코 장바구니를 이용했습니다. 상당히 질기고 활용도가 높긴 한데 프락타 장바구니가 보관하기에 편합니다. 책이 많지 않을 경우엔 집에 한 두 개쯤 있는 장바구니를 쓰면 되겠죠. 어쨌거나 책을 상자에 넣거나 노끈으로 묶는 것은 추천하고 싶지 않습니다.

플라스틱 공구 상자

책을 서가에 보관할 수 없는 상황이라면 플라스틱 공구 상자를 추천합니다. 책방 공간을 더 작은 곳으로 옮겨야 했을 때 플라스틱 공구 상자에 책을 보관했습니다. 집에 책이 많은데 더 좁은 곳으로 이사를 가야 할 때 생각해 볼 만한 방법입니다. 종이 상자에 넣어 옮기고 보관할 수도 있겠지만 층층이 쌓아야 할 경우 플라스틱 공구 상자가 편합니다.

상자의 크기는 다양한데 국판이 거의 딱 맞게 들어가는 크기도 있습니다. 41(가로)×24(세로)×19(높이)센티미터 '공구 상자(중)'를 구입하면 얼추 웬만한 단행본은 보관할 수 있습니다. 이동하기도 책을 보관하기도 편하고 워낙 튼튼하니 책 보관뿐 아니라 다용도로 쓸 수도 있습니다. 노랑, 파랑, 회색 등 색깔도 다양해서 책을 분류해 보관할 때도 좋습니다. 뚜껑을 따로 구입할 수도 있지요. 하지만 가격이 5,000원 정도이고 낱개로 구입하면 배보다 배꼽이 커질 수 있습니다. 저는 습기 많은 창고에 책을 보관하기 위해 이 상자를 구입해서 사용했습니다.

책을 싸는
이유와 노하우

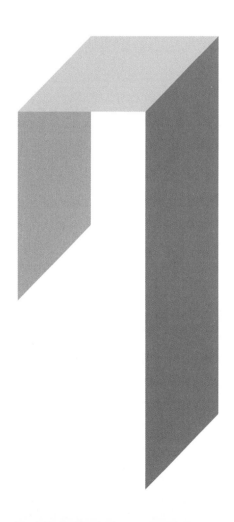

헌책방이지만 가끔 새 책을 팔기도 합니다. 새 책을 사는 손님에게는 할인 대신 책싸개로 책을 싸 드리는 걸 궁여지책으로 삼았습니다. 책싸개 서비스를 받은 손님의 반응이 의외로 좋더군요. 옛 생각이 난다는 분도 있었습니다. 제가 학교를 다니던 시절만 해도 교과서를 받으면 책싸개를 하는 경우가 많았습니다. 시골에서 초등학교를 다닌 터라 주로 사료 부대 속지나 달력으로 책을 쌌습니다. 아버지께서 책을 싸 주시던 기억이 납니다. 아이가 교과서를 받아 왔길래 "책싸개 해 줄까?" 물었더니 "에이~, 아빠는 촌스럽게 그런 걸 왜 해"라며 웃더군요.

학창 시절, 공부는 못했지만 책만은 소중하게 다뤘습니다. 밑줄 긋기나 별표 치기를 무척 싫어했는데 성적이 바닥 가까이에서 놀았던 것은 그 때문이었는지도 모르겠군요. "왜 이리 책이 깨끗해"라는 선생님의 야단은 저에게 일종의 명예였습니다. 유난을 떨 정도로 꼼꼼하거나 편집증은 없었는데 책만큼은 깨끗하게 보고 싶어 한 이유를 지금도 알 수 없군요.

그 시절의 습관이 그대로 남아 지금도 종종 아끼는 책은 책싸개로 쌉니다. 요즘은 예전과 다르게 책 표지가 코팅되어 나오지만 그럼에도 책싸개를 해야만 마음이 놓입니다. 책을 보호하는 최소한의 방편이랄까요. 밑줄을 긋거나 메모하는 일도 하지 않습니다. 가능하면 책을 원래 상태로 소유하고 싶은 마음이 큽니다.

헌책방을 하면서 망가진 책들을 무시로 봅니다. 귀한 책인데도 도저히 수선할 수 없는 책도 있고, 낙서를 심하게 한 책도 있습니다. 원래 저자 서명이 있던 책인데 헌책방에 내놓으면서 그 부분만 찢는 경우도 있죠. 가장 훼손이 심한 곳은 항상 표지입니다. 책을 감싸고 있으니 그럴 수밖에 없겠죠. 표지를 보호하려면 책싸개로 싸거나 북커버를 씌우는 방법 말고는 없습니다. 일본에선 다양한 종류의 북커버를 파는데 특히 문고판 크기(105×148밀리미터)가 자주 보이더군요. 그만큼 문고판을 즐겨 읽는 독자가 많다는 증거겠지요. 문고판은 어디론가 이동하면서 읽기 편하니 외부에 노출되거나 가방 속에서 다른 물건과 부닥칠 때가 많습니다. 단순히 책을 보호하는 역할뿐 아니라 내가 어떤 책을 읽는지 다른 이에게 보이고 싶지 않을 때도 북커버를 사용할 수 있겠죠. 국내에서도 다양한 북커버를 구입할 수 있습니다. 하지만 책 모양이 제각각이라 북커버를 활용하기 힘듭니다. 책싸개를 하는 편이 오히려 나을 수도 있습니다.

제가 주로 사용하는 책싸개 재료는 두 가지입니다. 패스트푸드점 포장용 봉투와 책비닐입니다. 여행지에서 패스트푸드점은 끼니를 해결하는 장소이자 잠깐 휴식을 취하는 공간입니다. 잠시 쉬면서 책방에서 구입한 책을 테이블 위에 놓고 포장용 봉투를 잘라 책싸개를 만듭니다. 봉투에도 여러 종류가 있는데 주로 맥도날드 것이 가볍고 질겨서 좋더군요. 비닐 코팅된 얇은 크라프트지 맥도날드 포장용 봉투는 (제 기준으론) 완벽한 책싸개입니다. 책싸개 전용으로 나오는 엠보싱 비닐을 제외하곤 이만한 책싸개 용지를 보지 못했습니다.

음식을 주문하면서 깨끗한 봉투를 하나 더 달라고 할 수도 있지만, 튀김용 기름이 약간 묻은 정도는 봐줄 만합니다. 햄버거를 먹고 주머니칼을 꺼내 포장용 봉투를 깔끔하게 자른 다음 책 크기에 맞게 책싸개를 만드는 재미가 있습니다. 책날개가 있으면 스카치테이프가 없어도 손쉽게 쌀 수 있습니다. 책날개 안쪽으로 종이를 접어 넣으면 됩니다. 책날개가 없더라도 약간의 아이디어를 보태면 단단하게 고정할 수 있지요. 포장용 봉투를 펼치면 단행본 한 권을 싸기에 적당하고, 문고판일 경우 봉투 하나로 책 두 권을 쌀 수 있습니다. 무엇보다 봉투의 그림이 심심하지 않다는 점도 맥도날드 포장용 봉투를 애호하는 이유입니다. 여행을 떠나지 않더라도 가끔 커피를 마시거나 햄버거를 먹으러 맥도날드에 가면 가방 속 책을 위해 포장용 봉투는 따로 챙겨 옵니다. 봉투로 책을 쌀 때마다 표지 디자인을 위해 고심했을 디자이너에게 미안한 감정이 일긴 하지만 저에겐 책이 상하는 것을 막는 것이 중요하니…… 핑곗거리론 그럴듯하군요.

책비닐은 책을 싸기에 좋은 재료입니다. 책비닐도 종류가 많습니다. 제가 주로 사용하는 제품은 '연유통'에서 만들어 판매하는 '반투명 엠보싱 처리' 책비닐입니다. 반투명이지만 거의 투명에 가까워 표지가 그대로 드러납니다. 표면이 올록볼록하게 가공되어 있어 책비닐과 책이 서로 붙지 않아 편리합니다.

예전에 많이 사용하던 '아세테이트지'는 시간이 지나면 경화되어 부스러지고, 습기를 머금으면 표지에 들러붙기도 하더군요. 처음부터 비닐커버를 씌운 책 중에 오래된 것은 수축되어 표지를 상하게 하는 경우도 있습니다.

엠보싱 책비닐은 신축성이 있어서 책싸개를 만들 때 모양

잡기도 좋습니다. 적당한 크기로 자른 낱장도 판매하지만 저는 아예 폭 32센티미터, 길이 100미터인 '롤 책비닐'을 구입해 사용합니다. 폭 32센티미터면 판형이 큰 책을 제외하고 국내에 출간된 웬만한 단행본은 쌀 수 있습니다.

책싸개를 만들려면 몇 가지 준비물이 더 필요합니다. 없어도 만들 수는 있지만 이 물건들을 갖추면 더 편리하겠지요. 먼저 잘 드는 커터가 필요합니다. 커터는 만듦새 좋은 NT PRO-A나 A300을, 칼날은 경사각이 30도인 NT BD-100을 추천합니다. 이 칼날은 일반 칼날보다 끝부분이 뾰족해 종이를 자르기 편리합니다. 스카치테이프와 50센티미터 쇠 자와 커팅 매트(고무판)도 필요합니다. 커팅 매트는 적어도 A2 크기(594×420밀리미터)를 구입해야 합니다. 자도 30센티미터 플라스틱 자보다는 50센티미터 쇠 자가 좋습니다.

비닐을 자를 땐 다치지 않도록 조심해야 합니다. 자는 힘주어 눌러야 하고 반대로 칼은 가볍게 잡고 천천히 움직여야 합니다. 급하게 자르다간 다칠 수 있으니 항상 조심해야 겠죠. 칼날을 세우지 말고 눕혀 자에 바짝 붙여 자르세요.

책방에서 구입한 책을 옆에 쌓아 두고 책비닐을 잘라 책싸개를 만들고 있노라면 시간 가는 줄 모릅니다. 책싸개 만드는 재미를 아는 이라면 제 이야기에 고개를 끄덕일 겁니다. 모든 준비를 끝낸 다음 정성스레 책을 싸면 책 안에 든 지식이 고스란히 머릿속에 들어올 것 같습니다. 헛된 꿈입니다만. 헌책 수집가이자 서평가인 조희봉 님은 『전작주의자의 꿈』에서 "책을 사 와서 닦고 포장"하는 일의 즐거움을 이렇게 말했습니다. 저도 책싸개를 만들며 똑같은 마음입니다. 여러분도 그 즐거움을 함께 누리길 바랍니다.

혹여 그깟 헌책 한 권에 무슨 쓸데없는 정성이냐고 타박하지 않았으면 좋겠다. 사실 책을 사 와서 닦고 포장까지 하려면 꽤 많은 시간을 쏟아야 하지만 내겐 그 시간이 가장 행복하다. 그런 과정을 통해 좋은 책을 얻은 기쁨을 두 배로 느끼고 이래저래 책과 정이 들기도 하기 때문이다. 이렇게 책 손질을 하면서 우연히 펼친 페이지를 읽기도 하고 서문이나 작가의 말도 읽으면서 책과의 대화를 처음 시작하게 되는 것이다.◆

◆ 조희봉, 『전작주의자의 꿈』(함께읽는책, 2003)

책 싸는 법

(1) 책비닐(꼭 책비닐이 아니어도 상관없다)을 적당한 크기로 자른다.
책날개가 있는 경우 책날개를 펼친 길이보다 약간 짧게 자른다.

(2) 책비닐로 책을 감싸면서 정확하게 절반으로 접는다. 책비닐
끝부분을 팽팽하게 잡아 당기면서 표지 안쪽으로 집어 넣는다.

(3) 책을 감싼 책비닐은 책 위아래로 약 2-3센티미터를 남겨 두고
자른다. 각 모서리는 표지 모서리를 기준점으로 삼아 45도로 비스듬히
자른다. 남은 비닐을 자를 때는 표지가 상하지 않도록 주의한다.

(4) 책비닐로 감싼 책날개 안쪽을 약 2-3센티미터 길이로 자른
스카치테이프로 고정한다.

(5) 책등 위아래에 남아 있는 책비닐을 깔끔하게 제거한다.

(6) 책비닐로 감싼 책. 반투명 재질의 비닐이지만 책싸개로 감싼 티가
나지 않는다.

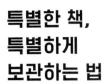

**특별한 책,
특별하게
보관하는 법**

중국 작가 린위탕(임어당)은 『생활의 발견』에서 자연과 벗하며 사는 즐거움을 방해하는 열 가지 화나는 일을 나열합니다. 그러고는 자신은 농부가 될 수 없고 고작 뜰에 물이나 뿌리고 풀 뜯기 정도만 할 수 있을 뿐이라며 아쉬워합니다.

1. 책 겉장은 좀이 먹기 쉽고
2. 여름밤은 모기 때문에 엉망진창이 되고
3. 망월대는 비가 새기 쉽고
4. 국화잎은 자칫하면 마르기 쉽고
5. 소나무엔 큰 개미가 떼 지어 있기 쉽고
6. 참대 잎은 온통 땅에 떨어져 쌓이고
7. 물푸레나무와 연꽃은 시들기 쉽고
8. 담쟁이 굴에는 뱀이 곧잘 숨고
9. 시렁에 핀 꽃에는 가시가 있고
10. 고슴도치는 독이 있어 먹을 수 없다는 것◆

◆ 임어당, 『생활의 발견』(김병철 옮김, 범우사, 1985)

애서가라면 린위탕의 고충을 이해할 수 있겠지요. 자연 생활의 큰 걸림돌이 책이 상하는 것이니 그가 얼마나 책을 사랑했는지 짐작할 수 있습니다. 옛사람들은 책이 좀먹는 걸 막기 위해 은행잎을 책장 사이에 끼워 두었습니다. 가끔 책방의 책 속에서 은행잎이 나오기도 하는데, 가을 정취를 느끼며 책갈피로 쓰던 것일 수도 있지만 옛 선비의 지혜가 습관처럼 독서가들에게 내려온 것은 아닐까 생각합니다. 좀 같은 벌레뿐 아니라 책을 위협하는 것은 도처에 널려 있습니다. 매력에는 대가가 따르는 법이죠. 책의 매력을 위협하고 시기하는 적을 분류하고 연구한 사람이 있었으니 바로 애서가이자 인쇄업자인 윌리엄 블레이즈입니다. 그는 『책의 적』에서 열 가지 '사악한 존재'를 언급했습니다. 불, 물, 가스와 열기, 먼지와 무관심, 무지와 편견, 책을 먹는 좀, 해로운 동물, 제책사의 횡포, 서적 수집광, 하인과 아이가 끊임없이 책을 괴롭히고 망가뜨린다고 말하지요.

이 열 가지 목록에서 첫 번째로 불을 꼽은 것은 당연해 보였으나 책을 사랑하는 서적 수집광을 적으로 규정한 점은 의아했습니다. 그는 런던 골동품애호가협회 설립자 존 백포드에 대해 이야기합니다. 존 백포드는 지방 도서관을 돌아다니며 수많은 희귀본의 속표지를 잘라 수집한 다음 국가와 지방별로 분류하고 다른 여러 자료를 더해 2절판 크기의 책으로 100여 권이 넘게 펴냈습니다. 자신의 책을 살찌우기 위해 희귀본의 살점을 도려낸 거죠. 윌리엄 블레이즈는 당시 영국에서 서적 수집광들이 존 백포드를 모방하여 희귀본을 훼손하고 다닌 것에 분개했습니다. 책은 책 읽는 이의 손에 들려 있을 때 가장 가치가 있습니다. 그는 그 사실을 잘 아는 독서가였죠.

다시 좀 이야기로 넘어가서, 이 책에는 책의 소중함을 모르는 무식한 좀을 꾸지람하는 존 도바스톤의 시가 인용되어 있습니다. 마지막 두 문장을 주목해서 읽어야 합니다.

바삐 움직이는 벌레가 있어
가장 훌륭한 책들을 불구로 만드네.
곳곳마다 갉아서 구멍을 내니
네 발길 닿는 곳마다 온통 똑같은 모양이네.
책의 소중함을 전혀 모르니
무엇을 알아서 상관하리오.

맛도 모르는 이빨로 찢고 더럽히니
시인, 우국지사, 현인, 성자는

지혜고 지식이고 아무것도 남길 수 없네.

자, 그대가 그 까닭을 모른다면
내가 가장 타당한 이유를 말해 주지.
이것이야말로 가엾은 악당의 먹을거리라는 걸.

후춧가루, 코담배가루, 담배 연기에도 끄떡없고
러시아 가죽마저 그들에겐 비웃음거리일 뿐.
그런데 학문의 후예들이
이따위 하잘것없는 골칫거리를 두려워하랴?
책을 펴놓고서 읽기만 한다면
벌레들은 저절로 사라지는 것을.◆

이 모든 적을 피해 소중하게 간직하고픈 책들이 있습니다. 책방에 있는 대부분의 책을 팔지만, 팔지 않고 보관만 하는 책도 있습니다. 가끔 사무실 안쪽 서가나 책상 위에 놓인 팔지 않는 책을 발견한 손님이 책방에서 왜 책을 팔지 않느냐고 물으면 난감하더군요. "팔기 싫어서요"라고 말할 수는 없으니까요. 에둘러 "아직 책값을 정하지 못해서요" 또는 "인터넷으로 구입하는 편이 더 저렴합니다"라고 대답

◆윌리엄 블레이즈, 『책의 적』(이종훈 옮김, 서해문집, 2005)

합니다. 팔지 않는 책은 대부분 구하기 어려운 사진책, 선물받은 서명본, 너무 오래되어 값을 정할 수 없는 책입니다. 지금 재미있게 읽고 있는 책도 포함해야겠군요.

저는 주로 1950-1960년대에 나온 책들을 특별하게 보관하고 있습니다. 할아버지께 물려받은 한적漢籍 몇 권을 제외하면 대부분 그리 오래된 책이 아닙니다. 1950년대에 나온 책은 종이질이 나빠 만지기만 해도 부스러집니다. 책장을 휙휙 넘겨 볼 생각은 감히 하지도 못합니다. 이런 책을 '일반적인 방법'으로 보관할 수는 없습니다. 지식이 부족해 당장은 책의 가치를 판단할 수 없다 해도 더는 훼손되지 않게 잘 보관하는 것이 중요합니다.

제가 애정을 가지고 수집하거나 잘 보관하려고 노력하는 책은 옛 시절에 나온 잡지 부록입니다. 예전엔 헌책방에 가면 쉽게 볼 수 있었는데 요즘은 가물에 콩 나듯 발견하곤 합니다. 이런 책은 대부분 상태가 나쁩니다. 부록이라 하면 끼워 주는 물건이라 생각하고 막 다루기 마련이니까요. 그렇게 푸대접을 받다가 헌책방까지 오게 됩니다. 책방에서 임자를 만나면 좋겠지만 이런 책은 주로 구석진 곳에 박혀 있어서 발견하기 힘듭니다. 종이는 누렇게 색이 바래고 표지는 갈라진 채 먼지를 뒤집어쓰고 있죠.

간지를 끼우고 눕혀서

1910-1920년대 출간된 워드 록(Ward Lock) 출판사의 『이상한 나라의 앨리스』.

아는 분께 이 책을 구입하지 않겠느냐는 연락이 왔을 때, 사진만 보곤 구입하겠다고 답장했습니다. 책을 받아 보니 거의 100년이 지났음에도 온전한 상태를 유지하고 있어 기뻤습니다. 4권의 책에는 48장의 컬러 도판이 실려 있습니다. 그 시절에도 이렇게 유려하고 깔끔한 컬러 인쇄가 가능했다는 사실이 놀랍더군요. 모서리가 약간 해진 것 외엔 4권 모두 심하게 뜯어지거나 찢어진 곳이 없었습니다. 다만 옛 양장본(하드커버)은 표지와 내지가 분리되는 경우가 많은데 이 책들도 그럴 가능성이 컸습니다.

이런 경우 저는 책과 책 사이마다 책 크기에 맞게 자른 간지를 끼운 뒤 세우지 않고 눕혀서 보관합니다. 양장본은 오래 세워 두면 내지 무게 때문에 낡은 면지가 찢어질 수 있습니다. 면지가 찢어지면 책등도 금방 분리되고 걷잡을 수 없게 되죠. 간지를 끼우는 이유는 이 책의 표지에 표지와 다른 재질의 종이에 인쇄된 그림이 박혀 있기 때문입니다. 다른 책의 표지와 직접 맞닿는 걸 줄여야 표지 그림이 상하는 걸 막을 수 있겠죠.

사진 속의 책은 루이스 캐럴의 『이상한 나라의 앨리스』입니다. 가끔 아마존에서 이 판본을 볼 수 있지만 대부분 상태가 좋지 않더군요. 상태가 좋은 판본은 값이 꽤 나갑니다.

진공 봉투에 실리카겔을 넣고

유일 편저, 『키타-코-드 전집』(연합출판사, 단기 4292(1959년))

단골로 다니던 헌책방에서 이 책을 발견하곤 그 시절에도 기타 교본이 있다는 사실에 놀랐습니다. 일제강점기에 나온 사교댄스 교본은 본 적이 있지만 음악과 관련된 책은 쉽게 찾아보기 힘들었으니까요. 1959년이면 겨우 한국전쟁

의 참화에서 벗어났지만 이승만과 자유당의 실정으로 힘든 시기였습니다. 어쨌거나 이 책은 암울한 시절에도 음악을 연주하고 악보를 그리고 교본을 만든 음악가와 출판사가 있었음을 알려 줍니다. 편저자인 유일과 우구레레코드, 연합 출판사에 대한 정보를 찾아보았지만 실패했습니다.

당시 이 책의 값은 700환이었습니다. 화폐 단위가 환에서 원으로 바뀐 것은 1962년 6월 10일입니다. 그해 5·16 군사정변으로 권력을 잡은 박정희 정권이 환화 유통을 금지하는 '긴급통화조치'를 실시했습니다. 그러니까 책값이 '○○○환'이라고 적혀 있으면 1962년 6월 이전에 출간된 책입니다.

바닥에 깔려 있던 이 책은 습기를 먹어 눅눅한 상태였습니다. 이런 경우 서늘하고 건조한 곳에서 말리거나 냉동실에 넣어 습기를 제거할 수도 있지만 혹시 책이 상할까 봐 지퍼락 같은 진공 봉투에 제습제 실리카겔과 함께 넣어 보관하고 있습니다.

비닐 봉투로 포장해서

어니스트 헤밍웨이, 『무기여 잘 있거라』(박기준 옮김, 동서문화사,
1959)

사진 속 『무기여 잘 있거라』는 중환자 상태에 가깝습니다. 지금까지 온전한 상태로 남아 있는 것이 놀라울 정도랄까요. 동무네 시골집에 놀러 갔다 다락에서 이 책을 구했습니다. 오랫동안 비워 둔 집이었는데 동무와 함께 하룻밤 자며 옛 책들을 찾아냈습니다. 이 책을 책방으로 가져와서 조심스레 먼지를 떨어내고 접힌 곳을 펴서 한번 훑어보곤 비닐 봉투로 거의 진공 상태에 가깝게 포장했습니다.

『무기여 잘 있거라』는 1929년 미국에서 초판이 나왔으니 거의 30년이 지나고서야 국내에 소개된 셈입니다. 일본에서는 이와나미문고에서 1957년에 상하권으로 출간되었으니 그리 차이가 나지 않습니다. 옛 신문기사를 통해 이 책을 번역한 박기준 님이 『무기여 잘 있거라』 외에도 여러 책을 번역했다는 사실을 알게 되었는데 정확한 약력을 찾긴 어려웠습니다.

크라프트지 봉투에 담아

조식, 「남명집」

할아버지께 물려받은 한적漢籍은 낡은『남명집』과 그럭저
럭 상태가 괜찮은『자전』입니다.『남명집』은 조선 시대 선
비 남명 조식의 문집입니다. 1602년 그의 제자 정인홍이 3
권 2책의 초간본을 만들었습니다. 여기서 '권'과 '책'의 차
이를 말하자면, '권'은 내용을 구성하는 단위를 말합니다.
장章이나 챕터chapter로 생각하면 이해하기가 쉽겠군요. '책'
은 제본된 책을 세는 단위입니다. 요즘은 '책' 대신 '권'을
사용하고 있지요. 3권 2책을 오늘날 표현대로 옮기면 세 가
지 내용을 담은 두 권의 책이라 할 수 있겠군요.

아버지께서 어렸을 적엔 궤짝에 책이 굉장히 많이 들어
있었는데 가세가 기울면서 다 사라졌다고 합니다. 어떻게
이 세 권만 남았는지 그 연유를 알 길이 없습니다. 큰 가치
는 없는 낡은 책이나 물려받았으니 잘 보관해서 다음 세대
로 넘겨야겠다는 의무감이 생깁니다.

한적은 세워서 꽂기 어렵습니다. 옛 선비의 사랑방에 있
을 법한 사방이 트인 사방탁자에 눕혀서 보관하면 좋겠지
요. 하지만 단 세 권의 한적을 눕혀 보관하기 위해 서가 한
칸을 비울 수는 없습니다. 그래서 생각해 낸 것이 질긴 크라
프트지 봉투에 넣어 서가에 꽂는 방법입니다. 모양이 이지
러지지도 않고 보관도 편리하더군요.

액자에 넣어

호리 마사토, 『독서회상』

호리 마사토의 『독서회상』은 니폰고쇼쓰신샤에서 펴낸 책입니다. 오사카외국어대학교 교수를 지낸 저자의 독서 편력이 담긴 이 책은 크기가 아기 손바닥만 하고 쪽수도 90쪽 남짓이라 어디에 두기 마땅치 않더군요. 다이소에서 책 크기의 저렴한 액자를 사서 아예 그림 작품처럼 넣어서 보관하고 있습니다. 표지에 깃털 펜과 잉크, 스탬프가 그려져 있어 책상 위에 올려 놓고 감상하는 작은 소품으로 안성맞춤입니다.

투명 플라스틱 상자에 보관

1960-1970년대 잡지 부록들.

가장 소중하게 생각하는 잡지 부록은 투명한 플라스틱 상자에 제습제를 넣어 따로 보관합니다. 투명한 플라스틱 상자를 사용하는 이유는 안의 내용물을 들여다볼 수 있기 때문입니다. 제습제는 가끔 전자레인지에 넣어 습기를 제거한 다음 재활용합니다. 앞에도 썼지만 옛 잡지 부록은 구하기도 힘들고 따로 가치를 매길 수도 없는 묘한 존재입니다. 그래서 더 매력을 느끼는지도 모르겠습니다. 계속 상자를 늘릴 수 있으면 좋겠지만 책방을 열고 나서는 오히려 헌책방 출입을 할 수 없으니 아쉽습니다.

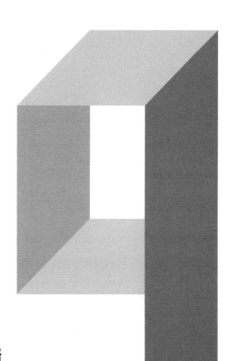

**손상된 책을
손보는 방법**

책이 망가지지 않도록 다루는 방법에 대해 조선 후기 실학자이자 책을 사랑한 선비로 이름 높은 이덕무는 『청장관전서』에서 이렇게 조언합니다.

책을 읽을 때는 손가락에 침을 묻혀서 책장을 넘기지 말고, 손톱으로 줄을 긁지도 말며, 책장을 접어서 읽던 곳을 표시하지도 말라. 책머리를 말지 말고, 책을 베지도 말며, 팔꿈치로 책을 괴지도 말고, 책으로 술 항아리를 덮지도 말라. 먼지 터는 곳에서는 책을 펴지도 말고, 책을 보면서 졸아 어깨 밑에나 다리 사이에 떨어져서 접히게 하지도 말고, 던지지도 말라. 심지를 돋우거나 머리를 긁은 손가락으로 책장을 넘기지 말고, 힘차게 책장을 넘기지도 말며, 책을 창이나 벽에 휘둘러서 먼지를 떨지도 말라.◆

만약 선생이 제가 하는 꼴을 보았다면 기겁하고 호통을 치셨을 듯합니다. 선생의 가르침 중 몇 가지는 저도 굉장히

◆이덕무, 『사람답게 사는 즐거움』(김성동 엮음, 솔, 1996)에서 재인용.

싫어하는 행동(특히 침을 묻혀 책장을 넘기거나 밑줄을 긋거나 하는)이지만 가끔 책을 베고 자기도 하고 머리 긁은 손가락으로 책장을 넘기기도 합니다. 힘차게 책장을 넘기는지는 잘 모르겠군요. 헌책방 책방지기이다 보니 먼지 가득한 책은 어쩔 수 없이 힘껏 두들겨 먼지를 털어 냅니다. 두드리기 전에 솔로 먼저 쓸어 내긴 합니다만. 이덕무 선생처럼 책을 아끼고 사랑한다면 이 세상 책들은 천수를 누리다 못해 영원히 살 수도 있겠지요.

모든 사람이 책을 아끼고 소중하게 다루는 건 아닙니다. 책방에 들어오는 책만 봐도 알 수 있습니다. 물먹고 곰팡이 피고 찢어지고 불에 그슬리고 쥐나 벌레에 쏠리는 등 모진 풍상을 겪고 들어오는 책도 많습니다. 구하기 힘든 책인데 다시 살리기 힘들 정도로 상처가 난 경우엔 안타까운 마음이 큽니다.

가지고 있는 책이 이리저리 뜯어지고 상처가 났다면『느릿느릿 배다리씨와 헌책수리법』(6699press)을 구해서 읽거나 유튜브에 'How to repair a book'을 검색해 보세요. 다양한 수리법을 익힐 수 있습니다. 저는 집에서 간단하게 수리하는 방법을 알려 드리겠습니다. 귀한 책이 망가졌을 때는 저도 전문가에게 맡깁니다. 고정할 도구가 없다면 판형이 큰 책은 쉽게 수리하기 힘듭니다. 특히 사철양장 제본한 책의 실이 끊어지거나 뜯어져 표지와 내지가 분리된 경우라면 단순히 접착제만 발라서 고정하기 힘듭니다.

하지만 무엇보다 책이 망가지지 않도록 소중하게 다루는 게 중요하겠죠.

책 수리를 위한 준비물

헌책을 수리하는 데 필요한 준비물.

작업하기 전에 먼저 신문지나 커팅 매트를 깔아 두세요. 넓은 커팅 매트를 구입하면 쓸모가 많습니다. 책을 수리할 때뿐 아니라 책싸개를 만들 때도 쓸 수 있으니까요. 그리고 작업용 장갑도 준비하세요. 비닐장갑을 끼면 세정제를 사용할 때 편리합니다. 책 상태에 따라 준비물이 다른데 한 번에 다 갖출 필요는 없습니다. 저는 헌책방을 운영하니 책 수리할 일이 종종 있어 이렇게 준비물을 곁에 두지만 책을 많이 가진 장서가라도 이런 일이 자주 있진 않겠지요. 커팅 매트, 세정제, WD-40 방청 윤활제, 다용도 목공용 풀, 종이용 순간접착제 정도만 갖추어도 충분합니다.

얼룩 지우기

얼룩 지우기.

얼룩을 지우기 위해선 지우개, 라이터용 휘발유, PB-1 스프레이 세정제, WD-40 방청 윤활제를 준비하면 됩니다. 이 정도만 있으면 웬만한 얼룩은 모두 지울 수 있습니다. 휘발유나 세정제, 방청 윤활제는 일반 종이에 사용하면 안 됩니다. 코팅된 표지에 유성 얼룩이 묻었을 때만 사용합니다. 지우개는 전천후로 사용할 수 있습니다. 하지만 낡고 오래된 책일 경우 힘을 줘서 지우다간 오히려 책이 찢어지거나 인쇄된 글자까지 지워질 수 있으니 주의해야 합니다. 요즘 책 표지는 대부분 코팅되어 나오기 때문에 심한 때나 얼룩이라면 세정제를 살짝 뿌려 두고 조금만 기다리면 때가 녹아 나옵니다. 그때 깨끗한 수건이나 휴지로 닦아 내면 됩니다. 방청 윤활제는 스티커 자국을 지우는 데 좋습니다. 너무 많이 뿌리지 말고 얼룩 위에만 살짝 묻을 정도로 가볍게 뿌리세요. 멜라닌 스펀지 매직블록은 표면을 갈아 내는 방식이라 추천하고 싶지 않습니다. 정말 지워지지 않는 얼룩이 있다면 매니큐어 제거제(아세톤)를 사용해 보세요. 가능하면 면봉에 살짝 묻혀 가장자리를 먼저 문질러 보고 작업하는 게 좋습니다.

찢어진 내지(혹은 표지)

찢어진 내지 붙이기.

먼저 물풀을 면봉에 묻혀 찢어진 내지의 앞면 뒷면에 발라 고정합니다. 그다음 종이용 순간접착제나 록타이트 401 순간접착제를 조금씩 스며들도록 발라 주고, 잘 붙도록 플라스틱 자나 못 쓰는 카드로 펴서 눌러 주세요. 그러고는 마를 때까지 기다리기만 하면 됩니다. 순간접착제를 바를 때 많은 양이 한꺼번에 스미지 않도록 조심해야 합니다. 가능하면 뒷장에 간지를 끼워 두고 작업하는 편이 좋습니다.

벌어지거나 분리된 내지

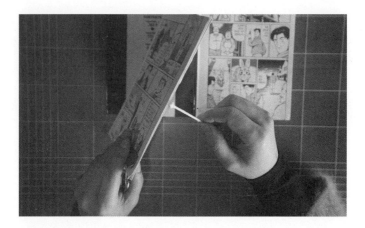

면봉을 이용해 목공용 풀 얇게 바르기.

태커를 이용해 내지 붙이기.

종이를 하나로 묶어 책을 만드는 제본 방법에는 스테이플러로 철사 침을 박는 중철 제본, 실로 묶는 실 제본이나 사철양장 제본, 접착제를 사용하는 무선 제본(일명 떡 제본) 등이 있습니다.

무선 제본한 책은 접착면이 고르지 않거나 접착제 양이 부족하거나 무리하게 책을 펼치면 내지가 분리됩니다. 처음에는 한두 장 분리되다가 접착제가 경화되어 갈라지면 한꺼번에 떨어져 나오기도 하지요. 이럴 경우 헤어드라이어나 열풍기로 책등에 열을 가해 접착제를 살짝 녹여 떨어진 책장을 붙이고, 접착제가 굳을 때까지 가만히 두면 됩니다. 헤어드라이어나 열풍기를 오래 노출하거나 책에 가까이 대면 표지 코팅이 벗겨지거나 그을릴 수 있으니 조심하세요.

오래된 책은 헤어드라이어나 열풍기로 접착제를 녹이기 힘듭니다. 이때는 면봉으로 떨어진 내지에 목공용 풀을 얇게 발라서 붙이면 됩니다. 목공용 풀은 굳는 데 시간이 오래 걸리기 때문에 하루 정도 무거운 책을 올려 두어야 합니다.

만화책을 붙일 땐 태커가 유용합니다. 표지와 내지를 분리하고 책등과 맞닿는 내지 끝부분을 태커로 찍은 다음 목공용 풀을 발라서 붙이면 됩니다. 목공용 풀은 완전히 굳기까지 시간이 걸리므로 무거운 책을 하루쯤 올려 두세요.

벌어진 면지

면봉을 이용해 목공용 풀로 면지의 벌어진 부분 붙이기.

보통 책에서는 표지와 내지를 이어 주는 면지가 가장 먼저 벌어집니다. 접히는 부분이 낡아 해지거나 충격 때문에 찢어지는 경우가 많죠. 면지의 접히는 부분이 찢어지면 자연스레 책등의 제본 부위가 드러나고 내지까지 쉽게 훼손되기 때문에 빨리 수선하는 편이 좋습니다.

벌어진 부분에 면봉으로 목공용 풀을 꼼꼼하게 펴 바릅니다. 그러고 나서 하루 정도 무거운 책을 올려 두면 단단하게 붙습니다. 면지가 심하게 뜯겨 나갔다면 그 위에 비슷한 색상의 종이를 덧대는 것도 방법입니다. 가능하면 한지 같은 질긴 종이가 좋습니다.

분리된 책등

분리된 책등 붙이기.

면지가 벌어진 것도 모자라 아예 책등이 분리되는 경우도 있습니다. 이때는 약간 복잡한 과정을 거쳐야 합니다. 종이 (질긴 한지나 색지가 좋습니다)를 분리된 책등 크기로 잘라 두 겹으로 접은 다음, 한 면에 목공용 풀을 발라서 내지의 책등과 맞닿는 면에 붙이고 마르기를 기다리세요(최소 3시간 이상). 다 마르면 책등 쪽에도 목공용 풀을 발라 붙이고 마를 때까지 기다립니다. 말릴 때는 책 위에 무거운 물건을 올려 두는 것이 좋습니다. 책등이 완벽하게 붙으면 벌어진 면지 사이에 목공용 풀을 바르고 말리면 됩니다. 분리된 책등을 말끔하게 수리할 정도면 웬만한 상처는 돌볼 수 있겠지요. 직접 부딪쳐 보고 숙련되는 방법밖에 없습니다.

책을 정리하는
최후의 방법

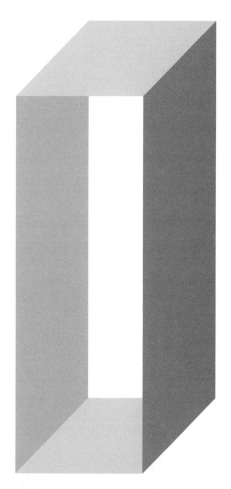

포화 상태, 더는 책을 둘 곳이 마땅치 않을 때는 '최후의 방법'을 쓸 수밖에 없습니다. 오래전 일입니다. 고등학교 시절 헌책방을 돌며 컴퓨터 잡지 과월호를 사서 모았습니다. 입대할 때까지 꾸준히 모았으니 꽤 많은 컴퓨터 잡지가 집에 있었죠. 『마이컴』과 『PC라인』이 주로 모으던 잡지였습니다.

제가 군대에 있는 동안 부모님께서 시골로 이사를 가셨는데 소중히 간직하던 컴퓨터 잡지를 모두 불쏘시개로 쓰셨더군요. 저에겐 소중한 잡지였으나 부모님껜 당장 아궁이에 밑불을 지필 적합한 재료였던 거죠. 하늘이 무너져 내리는 기분이었습니다. 삶의 일부를 잃어버린 듯했죠.

집에 있는 책을 정리할 때 잡지가 1순위가 되는 경우가 많습니다. 단행본이나 다른 형태의 책에 비해 그 가치가 떨어지기 때문이죠. 하지만 세월이 지나면 그 가치도 역전되기 마련입니다. 28권이 한 질인 『브리태니커 백과사전』의 원래 판매가는 200만 원에 가깝지만 현재는 15만 원 내외입니다. 책 상태에 따라 다르겠지만 10만 원도 안 되는 가격에 팔리기도 합니다. 하지만 『마이컴』이나 『PC라인』은 권당 1만 원이 훌쩍 넘는 경우가 많습니다. 창간호나 상태가 좋은 잡지는 그보다 더 비싸죠. 만약 제가 모아 둔 그 많은 컴퓨터 잡지를 지금까지 가지고 있었더라면 뿌듯했을 텐데요. 아쉽게도 이 잡지는 단 한 권도 수중에 남아 있지 않고 『브리태니커 백과사전』만 두 질이나 책방에 가지고 있습니다. 책의 운명은 알 수 없죠.

저는 책을 정리할 때마다 『중국성풍속사』에 실린 송나라 시대 학자 조명성과 그의 아내 이청조 이야기를 떠올립니다. 조명성은 쇠와 돌에 새긴 글을 모아 연구하고 기록한 『금석록』을 남깁니다. 이청조는 먼저 세상을 떠난 남편이 남긴 원고를 온갖 곤경과 위험 속에서도 소중하게 간직했고, 나중에는 자신이 겪은 이야기를 덧붙여 책으로 묶습니다. 그녀의 사랑이 아니었으면 30권에 이르는 『금석록』이 세상에 나오지 못했겠죠. 이청조는 이런 글을 남겼습니다.

소유하기 위해서는 잃어버릴 각오 또한 되어 있어야만 하고, 하나로 결합되길 원한다면 이별 또한 헤아려야만 한다. 그것이 세상의 이치인 것이다.◆

◆ 로베르트 반 훌릭, 『중국성풍속사』(장원철 옮김, 까치, 1993)에서 재인용.

이런 애정이라면 정리할 책이 없을 듯합니다. 책을 정리할 때 기준은 대부분 현재 그리고 미래에도 이 책이 내게 필요한 책인지가 첫 번째입니다. 하지만 그 기준에 벗어난 책에서 뒤늦게 가치를 발견하게 될지도 모르니 야박하게 내치지는 마세요. 그럼 책을 정리하는 '최후의 방법'에는 어떤 것이 있을까요. 그냥 폐지로 버리는 건 제외하겠습니다.

선물하기

　직장인이 좋아하는 선물에 관한 기사를 본 적이 있습니다. 가장 싫어하는 선물 1위는 책, 가장 좋아하는 선물 1위는 현금이더군요. 책이 이렇게 인기 없는 선물인가 싶었지만 이해는 됐습니다. 상대방에게 필요 없는 책을 선물하면 짐을 안기는 거나 마찬가지니까요. 당장 읽어 볼 만한 책을 족집게처럼 선물한다면 이야기가 달라지겠죠.

　저도 가끔 책을 선물로 받기도 하고 또 주기도 합니다. 선물받은 책은 어떻게든 꼭 읽어야 한다는 부담을 떨치기 힘듭니다. 아마 이런 부담이 '싫어하는' 감정으로 이어지겠죠. 그래서 선물할 때는 그 사람에게 이 책이 꼭 필요한지 아닌지 헤아리게 됩니다. 책방에 온 손님들께 책에 대해 설명하거나 추천하는 일을 열심히 하지 않는 이유도 여기에 있습니다(핑계 같군요).

　예전엔 신문에 난 서평이나 다른 이의 책 추천을 귀담아들었는데 결국 자신에게 필요한 책은 심사숙고하여 스스로 골라야 한다는 결론을 내렸습니다. 물론 다른 이의 의견을 참고할 수는 있겠죠.

아니 프랑수아의 『책과 바람난 여자』에는 이런 글이 있습니다. 저도 전기나 자서전은 추천하고 싶지 않군요.

나는 선물을 하기는 하지만 많이 자제한다. 축제, 생일, 크리스마스 등을 구실로는 절대 안 한다. 책에 관해 진지한 대화를 나누거나 증정받을 사람의 애를 태우며 식사를 한 다음에만 선물을 한다. (……) 묘하게도 난, 사람들이 나에게 책 선물해 주는 것을 좋아하지 않는다. 늘 뒤지고 까발리는 전기에는 별 취미가 없다는 걸 알면서도 나에게 카슨 매컬러스의 전기傳記를 내민 프랑수아만 빼놓고. 예전에는 콘래드, 요즘에는 심농이 그런데, 지난 삶의 이야기를 늘어놓는 그들의 모습이 약간 역겹다. 전기라는 장르는 내가 몹시 싫어하는 작가들을 다룰 때만 참고 읽을 만하다. 나는 늘 거기서 나의 혐오감을 정당화시켜 줄 뭔가를 찾을 거라고 확신한다. 하지만 평생 좋아하는 작가들만 읽어도 시간이 모자라는데 좋아하지 않는 작가의 전기는 뭐하러 읽겠는가.◆

◆아니 프랑수아, 『책과 바람난 여자』(이상해 옮김, 솔, 2005)

도서관이나 사회단체에 기증하기

가장 쉬운 방법입니다. '아름다운재단'이나 도서관 등 책을 기증받는 곳에 보내는 거죠. 기증할 때도 기본적인 예의는 지켜야 합니다. 내용을 떠나 상태가 좋은 책을 기증해야 일하는 분들의 수고를 덜 수 있습니다. 상처가 많은 책이라면 기증하기보다 재활용센터에 보내거나 폐지로 내놓는 편이 낫습니다. 재활용센터로 보내거나 폐지로 처분하는 건 정말 '최후의 방법'이니 그 전에 최대한 책을 살릴 수 있는 방법을 찾아보는 게 좋겠죠.

일본의 기업가이자 교육가인 후지하라 가즈히로는 『먹고 사는 데 걱정 없는 1% 평생 일할 수 있는 나를 찾아서』라는 긴 제목의 책에서 "도서관을 자신의 책장"으로 만들라고 강조했습니다. 그는 관심이 가는 책은 망설임 없이 구입하고 다 읽은 책이 30권 정도 모이면 근처 공립도서관에 기증한다고 합니다.

책을 많이 읽게 되면 어떻게 보관할지, 어디까지 책을 처분할지가 큰 문제가 되는데, 나는 다 읽은 책이 30권 정도 모이면 근처 공립도서관에 기증합니다. 베스트셀러 책도 많아 도서관 직원이 매우 좋아합니다. 왜냐하면 베스트셀러 책은 항상 100명 이상, 책을 빌리려고 대기 상태에 있기 때문입니다. 필요 없는 책까지 포함해서 도서관에서 재이용을 해 준다면 나도 고맙죠. 만일 그 책을 다시 읽고 싶어지면, 도서관에 가면 됩니다. 저는 도서관을 서재의 연장선상, 내 책장의 일부라고 생각합니다. 그렇게 하면 '아깝다'는 생각이 들지 않으니까요. 방도 정리되고 도서관과 이웃 들도 좋아해 주니 일석이조입니다. 읽고 정리가 어려운 책이 있다면 주위의 도서관을 활용해 보는 것은 어떨까요?◆

◆ 후지하라 가즈히로, 『먹고 사는 데 걱정 없는 1% 평생 일할 수 있는 나를 찾아서』(서승범 옮김, 하우넥스트, 2017)

온라인 중고 사이트에 책 팔기

　시간이 넉넉하고 약간의 정성을 들일 준비가 되어 있다면 온라인 중고 사이트(예를 들면 네이버 '중고나라' 같은)에 올려서 판매할 수도 있습니다. 인기 있는 책이고 값을 저렴하게 매긴다면 금방 팔릴 수도 있지만 하염없이 기다릴 가능성도 있습니다. 미리 어떤 책이 잘 팔리는지, 내가 가진 책은 얼마에 팔리는지 검색해 볼 수도 있겠죠. 시세보다 값을 낮춰 부르는 편이 좋습니다. 사진을 잘 찍는 것도 중요합니다. 제 경험상 똑같은 책이라도 예쁘게 찍은 책이 잘 팔리더군요. 흠이 있다면 미리 알려 줘야 불미스러운 일을 막을 수 있습니다. 온라인 중고 사이트에 만화책을 여러 번 판매한 경험(대부분 제값 받고 팔았습니다)으로 얻은 노하우는 다음과 같습니다. 만화책이나 무협지를 많이 가지고 있는 장서가라면 온라인 중고 사이트를 이용하는 것도 나쁘지 않겠군요.

　• 책 상태를 정확하게 살피고 같은 책의 시세를 알아

본다.

- 빨리 정리하고 싶을 땐 시세보다 낮춰 올리는 수밖에 없다.
- 제값을 받고 싶다면 사진을 제대로 찍고, 책 상태를 상세하게 설명한다.
- 택배비가 책값에 포함되어 있는지, 착불인지 밝힌다.
- 구하기 힘든 책일 경우 시세는 상관없다.
- 만화책과 무협지가 가장 인기 있고 매매도 활발한 편이다.
- 대여소나 만화방 책이 아닌 깨끗한 개인 소장본, 특히 애장판은 올리는 대로 팔린다.

헌책방이나 온라인 중고 서점에 팔기

헌책방에 주로 내다 파는 책은 참고서였습니다. 공부를 그리 열심히 하는 학생이 아니어서 대부분 깨끗했죠. 필요 없는 참고서는 헌책방에 싼값에 팔고 다음 학기에 필요한 책을 미리 사 두기도 했습니다. 온라인 중고 서점이 없던 시절에는 팔 책이 많으면 가방에 책을 가득 채워 들고 가야 했죠. 가끔 값이 박하다 싶을 때는 다른 헌책방으로 가기도 했으니 책 파는 일이 그리 쉽지는 않았습니다. 매입가가 따로 정해져 있지 않아서 책방지기가 주는 대로 받았습니다.

요즘은 온라인 중고 서점에서 택배로 책을 받기도 하고 구입한 책을 되팔 경우 혜택을 주는 제도를 운영하기도 하더군요. 책 제목만 입력하면 얼마쯤 받을 수 있는지 미리 알 수 있으니 책 정리하기 참 편한 세상입니다.

세무서에 가서 사업자 등록을 한 다음 따로 매장을 내지 않고 집에서 온라인으로 책을 판매하는 방법도 있습니다. 이런 식으로 북코아, 알라딘, 예스24, 교보문고 등에서 책을 파는 개인사업자도 있습니다. 정리해야 할 책이 많고,

자신이 가진 책을 여러 곳에 올려 관리할 시간이 충분하다면 이것도 방법이 될 수 있겠지요.

헌책방 책방지기로 전업하기

저의 경험으론 아예 책방을 열고 책방지기가 되는 게 최후의 방법입니다. 가장 바보 같은 방법이지만, 지금까지 책을 사랑했고 앞으로도 영원히 사랑할 자신이 있다면 도전해보는 것도 나쁘지 않다고 생각합니다. 요즘 동네 책방이 많이 생기는 이유도 어쩌면 그 때문이 아닐까 싶습니다. 마음만 먹는다면 책방을 열고 책방지기가 되는 일은 어렵지 않습니다. 문제는 책방을 열고 난 다음부터죠. 처음에는 한권씩 팔리는 재미가 쏠쏠합니다. 책을 싸게 사서 읽을 수도 있으니 일거양득一擧兩得이죠. 하지만 곧 일거양실一擧兩失임을 깨닫게 됩니다. 물론 이건 저의 경우에만 해당됩니다. 세상 모든 일은 호사다마好事多魔, 시어다골鰣魚多骨인 법이죠. 얻는 것이 있으면 잃기도 하고, 반대로 잃는 것이 있으면 또 얻는 것이 있습니다. 가끔 모두 잃는 경우도 있습니다만.

넘쳐 나는 책을 정리하기 위해 책방을 열었다 해도 결국 책에 갇혀 빠져나오지 못할 겁니다. 저는 5년째 책방을 꾸리고 있는데, 독하게 마음먹지 않으면 책은 줄어드는 법이 없습니다. 어쩔 수 없이 처분해야 하는 경우가 아니라면 중년 아저씨의 옆구리 살처럼 늘어나기만 하더군요. 톰 라비의 『어느 책 중독자의 고백』에 이런 글이 나옵니다.

책방 주인, 다시 말해 우리가 그것 없이는 살 수 없는 물건의 분배자, 즉 우리가 중독되어 있는 마약을 파는 사람은 어떠해야 할까? 이들은 어떤 종류의 사람이어야 할까? 완벽한 책방 주인은 오로지 책 가까이에 머물 수 있다는 단 한 가지 목적을 위해 책방을 운영할 것이다. 사회학자 에드워드 실즈가 쓴 것처럼, 책방 주인은 "책 장사에 투신하려면 사회적으로 유용하고 아주 유쾌하지만 정신 나간 방식으로 다소 바보 같아야" 한다.◆

◆ 톰 라비, 『어느 책 중독자의 고백』(김영선 옮김, 돌베개, 2011)

맺음말

서재, 가장 믿음직한 지적 조력자를 만드는 방법

이제 더는 할 이야기가 없군요. 책을 정리하고 완벽한 서재를 꾸미는 데 제 글이 조금이나마 도움이 되면 좋겠습니다. 머리말에도 썼지만 정답은 없습니다. 수학 문제를 푸는 것도 아닌데 정답이 있을 리가요. 결국 자신만의 방법을 찾는 수밖에요. 그래도 전혀 소용없는 글은 아니리라 생각합니다. 제 글을 읽고 실수를 줄이고 응용할 수 있다면 그것만으로도 충분하지 않을까요. 이 글을 쓰는 요즘에도 저는 책방에 쌓인 책과 욕심 부려 서재로 가져온 책을 어떻게 정리해야 하나 고민 중입니다. 힘들겠지만 완벽한 서재를 유지하는 유일한 방법은 책을 서가에 꽂아 둘 수 있는 만큼만 가지는 겁니다. 거기서 더 넘치면 짐일 수밖에요. 공간이 크든 작든 서가에 꽂아 둘 수 없을 만큼 책이 쌓이기 시작하면 시련이 시작됩니다. 도저히 풀 수 없는 퍼즐게임에 빠져드는 것과 비슷하달까요.

오카자키 다케시는 『장서의 괴로움』에서 "책이 아무리 많더라도 책장에 꽂아 두는 한 언제든 검색할 수 있는 듬직한 '지적 조력자'"라고 말합니다. 하지만 서가에서 벗어난 장소에 쌓이기 시작하면 융통성 없는 '방해꾼'으로 전락하고, 거기에 더해 통제할 수 없는 지경이 되면 '재해'가 된다고 경고하지요. 저도 이 의견에 동의합니다. 완벽한 서재란 '지적 조력자'라고 생각합니다. 지적 조력자 역할을 할 수 없는 서재는 단순한 책 창고일 수밖에 없습니다.

완벽한 서재, 지적 조력자를 곁에 두기 위해선 먼저 책 고르는 안목을 키워야 합니다. 안목을 키우려면 시간과 비용을 들여야 하고 잘못된 선택으로 후회하는 일도 필수로 겪어야 합니다. 직접 경험하지 않는다면 제대로 된 안목을 키울 수 없으니까요. 훌륭한 스승을 만난다면 그 과정을 줄일 수 있겠지만 그런 스승을 만나기란 쉽지 않죠. 독서 모임에 참석하거나 깊이 있는 서평을 찾아 읽는 것도 방법일 수 있습니다.

안목을 키우는 것 외에 '선택과 집중'도 필요합니다. 단순히 책을 좋아하는 독서가로 남을 것인가, 가치 있는 책을 수집하고 더 나아가 지적 조력자와 함께 자신의 작품을 창조하는 단계까지 나아갈 것인가는 선택과 집중에 좌우됩니다.

지금껏 장르를 가리지 않고 마음 내키는 대로, 손에 잡히는 대로 책을 읽었습니다. 안목을 키우기는커녕 가벼운 지식들만 풀풀 날리는 상태랄까요. 젊은 시절에는 분야를 가리지 않고 책을 읽어야 합니다. 역사, 문학, 예술을 중심으로 두고 자신이 공부하고 싶은 분야를 천천히 생각해 보는 것이 좋겠죠. 하지만 어느 시기가 되면(그 시기가 언제인지 특정 지을 수는 없습니다) 폭넓은 독서보다 미세한 틈을 파고드는 독서에 더 매력을 느끼게 됩니다.

꾸준히 책을 읽다 보면 자신이 좋아하는 작가나 출판사, 장르, 심지어 책의 형태까지 기호가 생기기 마련입니다. 이쯤에서 결단이 필요하죠. 앞에서 소개한 조희봉 님의 『전작주의자의 꿈』을 예로 들 수 있겠네요. 소설가이자 번역가로 많은 작품을 남긴 이윤기 선생님의 모든 저작을 모아 '이윤기 스페셜리스트'가 된 그의 경험담이 책에 생생하게 나옵니다. 평생 공부를 업으로 삼아야 하는 학자나 끊임없이 연구하는 전문가가 아니더라도 한 가지 주제에 집중하는 독서를 꾸준히 할 수 있다면 누구나 '특별한 독서가'가 될 수 있으리라 생각합니다.

단순히 독서에 그치지 않고 어떤 형태로든 결과물이 나온다면 더할 나위 없겠죠. 책을 읽고 정리하며 꾸준히 짧게라도 서평이나 독서 일기를 쓰는 것도 많은 도움이 되리라 생각합니다.

아직 늦지 않았으니 저도 평생 파고들 수 있는 한 가지 공부거리를 만들어 두어야겠습니다. 안타깝게도 마흔이 넘어 책방 일을 시작하고서야 그런 이치를 깨달았습니다.

가끔, 아무리 열심히 읽어도 쌓아 둔 책을 모두 읽을 수 없을 텐데 왜 이렇게 터무니없는 욕심을 부리는 걸까 생각해 봅니다. 활자 중독, 책 분리불안 같은 증상은 불치병이 아닐까요. 눈이 침침해져서 더는 글을 읽을 수 없게 되어도 책을 소장하고픈 욕망은 억누를 수 없을 듯합니다. 책을 쟁여 두는 이유는 책으로 보호받을 수 있다는 믿음 때문이 아닐까요. 이성을 깨우고 내면을 단단하게 만드는 책을 자신만의 공간에 채우는 일은 지적 조력자를 만드는 일이기도 하지만 자신을 보호해 줄 작은 성을 쌓는 것과 같습니다.

움베르토 에코의 소설 『장미의 이름』 머리말에는 중세 독일의 수도자 토마스 아 켐피스의 유명한 격언이 나옵니다.

내가 이 세상 도처에서 쉴 곳을 찾아보았으되, 마침내 찾아낸, 책이 있는 구석방보다 나은 곳은 없더라.

저도 마찬가지입니다. 제 작은 서재에 있을 때 제대로 쉬고 있다는 생각이 듭니다. 다른 곳에선 이런 편안함을 느끼기가 힘들죠. 제가 아끼는 책이 있는 서재를 항상 내 인생의 베이스캠프라 생각합니다. 아마 이 글을 끝까지 읽은 여러분 생각도 마찬가지겠지요. 고맙습니다.

책 정리하는 법
: 넘치는 책들로 골머리 앓는 당신을 위하여

2018년 6월 4일　　초판 1쇄 발행
2023년 3월 4일　　초판 2쇄 발행

지은이
조경국

펴낸이　　　　**펴낸곳**　　　　　**등록**
조성웅　　　　　도서출판 유유　　제406 - 2010 - 000032호(2010년 4월 2일)

　　　　　　　　주소
　　　　　　　　서울시 마포구 동교로15길 30, 3층 (우편번호 04003)

전화　　　　　　**팩스**　　　　　　　**홈페이지**　　　　　**전자우편**
02 - 3144 - 6869　0303 - 3444 - 4645　uupress.co.kr　　uupress@gmail.com

　　　　　　　　페이스북　　　　　**트위터**　　　　　　**인스타그램**
　　　　　　　　www.facebook　　www.twitter　　　www.instagram
　　　　　　　　.com/uupress　　　.com/uu_press　　.com/uupress

편집　　　　　　**디자인**
전은재, 이효선　　이기준

제작　　　　　　**인쇄**　　　　　　　**제책**　　　　　　**물류**
제이오　　　　　(주)민언프린텍　　다온바인텍　　　책과일터

ISBN　979 - 11 - 85152 - 86 - 8　03020

오토바이로, 일본 책방

어느 헌책방 라이더의 고난극복
서점순례 버라이어티

조경국 지음

일본의 헌책방을 다룬 한 장의
신문기사에 무작정 집을 나선
한 헌책방지기의 천신만고 가득한
여행기. 중고 오토바이를 마련해,
이왕 가는 것 일본 곳곳의 헌책방을
가 보자는 포부를 담아 알뜰살뜰
일본 전역을 누빈다. 낙천적인 예상과
달리 영업 시간이 맞지 않아 방문하지
못한 책방, 점차 활기를 잃어 가는
책방 거리, 무엇보다 쏟아지는 비를
이고 다니는 고난의 역정이 글쓴이를
괴롭힌다. 그럼에도 책을 사랑하는
마음, 책방과 책방지기라는 자리에
대한 애정, 사람을 보는 따뜻한
시선으로 주변을 관찰하고 자신을
응시하는 저자의 글은 책을 만드는
것도 파는 것도 읽는 것도 사람임을
다시 한 번 깨닫게 해 준다. 저자가
직접 찍은 사진과 사이사이에 든
관련 일화도 또 다른 재미를 더한다.

필사의 기초

좋은 문장 베껴 쓰는 법

조경국 지음

손글씨의 재미가 막 느껴졌는데
그다음은 어떻게 할까 하는 이들을
위한 안내서이다. 저자는 글씨를
예쁘고 가지런히 쓰지 못하더라도,
바빠서 딱히 시간을 낼 수 없더라도,
좋은 책상과 의자가 없더라도
어쨌든 읽고 써 보라고 권한다.
옮겨 적으며 다시 한 번 책을
이해하고 소화하고 내 안을 채운다.
내가 선택한 필기구로 사각사각
소리를 내며 종이 위를 걷는 손맛과
그렇게 한 번 더 글을 읽어 가는
맛을 즐거워하는 때가 오면, 펜을
쥔 손의 뻑뻑함도 굳은 자세 때문에
오는 어깨의 뻐근함도 눈의 피로도
충실한 기분을 더해 주는 불편이
되지 않을까?
더불어 책의 말미에 소개된 저자의
필사 도구는 누구나 쉽게 구할 수
있되 실제로 필사할 때도 유용해서,
필사에 관심을 둔 독자에게 도움을
줄 것이다.

일기 쓰는 법

매일 쓰는 사람으로 성찰하고
성장하기 위하여

조경국 지음

저자 조경국 작가는 2006년부터
현재까지 약 15년간 일기를 쓰고
있다. 다양한 책을 꾸준히 펴내 온
저자도 일기를 매일 쓰기는 쉽지
않았다. 습관이 된 후에도 어떻게
하면 일기를 더 잘 쓸 수 있을지
궁리해 왔다. 이 책에서 그는 어떻게
매일 쓰는 한결같은 마음가짐을
새기게 되었는지부터 일기는 어떤
내용으로 채워야 하는지, 또 일기를
쓸 때 어떤 도구를 쓰면 좋은지 등
일기를 쓰며 배운 점들을 차근차근
풀어놓는다. 일기를 꾸준히 쓰겠다고
마음먹었지만 매번 실패했던
사람들에게 용기를 주고, 이제
시작하는 사람에게는 시행착오를 줄일
방법을 알려 주는 책이다. 일기를 쓰면
인생까지는 몰라도 일상은 매일 조금씩
달라지지 않을까.